50

LARGE PRINT

NEW YEAR

WORD SEARCH

PUZZLES

INSTRUCTIONS

You'll find in the pages that follow 50 Word Search Puzzles.

To solve the puzzles find the listed words hidden in the big grid.

They can be found listed forwards or backwards in a horizontal, vertical or diagonal line.

Letters are never over skipped but the listed words may overlap in the grid.

Circle each listed set of words in the big grid as you find them and cross them from the list underneath the grid until all of the listed words are found.

If you need any assistance, solutions can be found at the back of the book.

NEW YEARS EVE

```
S I G T F A G I F F R E F F G F
S K T N N A O I A I G S I N N A
I O R N I S M N E N C R D I I N
U R U O S S C I I S E E E M C O
G A E G W Y S K L G L F C C N E
L A E T D E N I N Y E D L I A D
D E T R R I R W K G B E I S D A
E Y E H R N O I I I R C V U E N
C S R D E D N F F C A E C M K N
S G A T T R T T F C T M T E L A
R E F N L S I T A A I B F V P E
M I U C O U O N N U O E E I A I
I O G A T D A N G M N R A L R M
C T H G I N D I M F H P A R T Y
N G R E F L E C T I O N K L I V
F E A S T K I S G N I G N I S L
```

ANNUAL	FAMILY	KISSING
CELEBRATION	FANCY DRESS	LIVE MUSIC
COUNTDOWN	FEAST	MIDNIGHT
DANCING	FIREWORKS	PARTY
DECEMBER	GATHERING	REFLECTION
DRINKING	GIFTS	SINGING

PARTY INVITATION

```
E A R S E A E N O S T W T I C
K S L E A I O P R O P O S A L
W K O V F I U E A S L G E R E
S U U P T F G L U R E E U L E
T E D A R N O G T L I E Q P Y
R R C A I U G A E I L S E O O
L O E T T E P N M A R A R N O
L S E N S E L W P A E N C A S
O E E T D N O I T C A R T T A
M P I K S E U L A C S S A N T
D O I R E P Z T T W O K Q O E
N L U T S Z E V I O N E O M N
E O U N N E U S O S O O F M U
N N T O N E H O N U R I C U N
U L T S Y R T L F S S E O S S
```

ASK	MEETING	REQUEST
ATTRACTION	OFFER	SUGGESTION
CALL	PROPOSAL	SUMMON
DATE	PURPOSE	TEMPTATION
LOCATION	REASON	TRYST
LURE	RENDEZVOUS	WISH

NEW

```
S  D  I  W  U  M  J  C  B  P  R  O  E  O  S
V  I  S  I  O  N  P  U  E  O  E  B  S  E  E
D  R  E  A  M  S  S  L  G  G  E  O  G  C  V
B  E  Y  J  M  O  S  R  A  G  S  N  O  A  E
S  C  A  A  C  G  U  K  I  M  E  K  C  R  N
E  T  H  R  D  L  S  N  I  L  R  O  L  E  T
R  I  D  O  E  H  N  O  L  L  T  O  I  S  U
U  O  T  S  M  I  A  A  S  B  L  L  N  T  M
T  N  H  O  N  E  H  L  C  S  S  S  V  A  S
N  S  O  G  A  C  N  B  E  A  E  C  I  R  K
E  S  T  C  E  P  S  O  R  P  R  C  S  T  I
V  P  S  T  A  I  E  J  R  K  N  E  C  F  L
S  R  H  L  I  P  L  O  E  O  O  T  E  U  F
U  O  O  N  O  O  M  E  C  A  R  E  L  R  S
C  S  S  H  L  O  W  D  N  E  F  I  L  E  U
```

BEGINNING	HOPE	RULES
CAREER	JOB	SKILLS
CHALLENGES	LIFE	START
DAY	LOOK	SUCCESS
DIRECTION	MOON	VENTURES
DREAMS	NORMAL	VISION
HOME	PROSPECTS	WEEK

FIREWORKS

```
S T U R F A B F E S T I V E U Y G
G N I Z A M A T H R I L L S P U L
G L S P P L M A G I C O E E L G A
L A M L L P U G L A M X T N E N M
I C A E E L R C G A C S S S A I O
T I G A A E F N A I E E G A S T R
F G I S S A I A T T N U A T A N X
E A C A A N G I N S C S P E C A G
G M B G N I N I A T R E T N E H L
L N C U T G F T L L A A P C C C I
A N T G L S I U Z S A S L S O N T
M S A L F O F L N Y T C T T L E Z
O F F I N R U G F A N T I I O M Y
R A F A O C C S P L E A N T C A M
O N L L S T H R I L L I N G S G A
U T O R I C O L O R F P L E A Y G
S C L C O L O R F F A N T A S O M
```

AMAZING	FANTASTIC	MYSTICAL
COLORFUL	FESTIVE	PLEASANT
ENCHANTING	FUN	SENSATIONAL
ENTERTAINING	GLAMOROUS	SPECTACULAR
EXCITING	GLITZY	STUNNING
FABULOUS	MAGICAL	THRILLING

A FAMILY MEAL

```
E Y G E N E R A R L E V A R T N
E L G B S E N E T R A V U H O G
G B E B I G C L L S I B L U L E
N M N U B E E N S B H R R U R N
I E E N L N B E A B A I E O U E
R S R C I E V S U N S T U O D R
E S A H N I J A I H E T E E A A
H A B R T D H O M B E T E E S T
T O H A S I B E U B L R S L S I
A R L S U S N J I R B I O U E O
G E R E L T J O U R N H N A S N
R S T N E M H S E R F E R G E S
S F O M A I N C O T D N Y E S E
I A T R I B E C A O S V G E N E
B S R M A I N C O U R S E B R E
L S T R A V R F M A I N C O E U
```

ASSEMBLY   HEIR   ROUTE

BREED   JOURNEY   SIBLINGS

BUNCH   MAIN COURSE   SUSTENANCE

FOOD   NOURISHMENT   TABLE

GATHERING   REFRESHMENTS   TRAVEL

GENERATIONS   RELATIVES   TRIBE

A FAMILY PARTY

```
U S T N E C S E L O D A B S B
N J Y J U N I T N U A M R S R
C U G J N P B N E P H O O E N
A N A R R O R F A T J T T U A
D I W S A N I S G U S H H U C
O A N E U N I N N A G E E R H
L S E B H S D I U U E R R E I
E N P A T P O P A E D A U H L
S E H E H R E D A C R T N T D
C R R R U N C N Y R O B A A R
M D M M O T H B A U E U J F N
O L O N N U A M O T H N S S I
T I T A O B U N C L E U T I E
H H H U N S C H I L D R H S N
E C T E E N A G E R E C E I N
```

ADOLESCENTS   DAUGHTER   NIECE

AUNT   FATHER   REUNION

BABY   GRANDPARENTS   SISTER

BROTHER   JUNIOR   SON

CHILDREN   MOTHER   TEENAGER

COUSIN   NEPHEW   UNCLE

COUNTDOWN

```
D  S  N  T  S  H  O  Y  A  D  B  E  G  T  R
C  T  M  O  I  C  U  D  E  A  D  L  I  N  E
L  A  C  L  I  M  A  X  A  C  R  U  N  E  N
O  K  H  R  L  T  L  T  D  E  A  D  L  M  C
E  C  U  C  B  A  A  R  O  M  C  B  T  O  M
I  O  H  O  N  E  N  R  U  N  C  L  M  M  I
H  L  C  G  R  U  G  L  B  E  S  M  Y  S  N
S  C  I  E  E  A  R  I  G  E  E  E  R  I  U
T  S  E  C  L  I  M  C  N  N  L  Y  T  G  T
A  M  L  O  G  S  S  Y  C  N  K  E  U  N  E
R  S  E  C  O  E  I  E  C  A  I  T  C  S  L
T  S  O  D  H  C  M  A  L  R  I  N  D  T  A
D  D  N  O  C  E  S  I  O  M  D  H  G  A  U
R  E  H  C  N  U  A  L  E  B  E  G  I  N  N
C  D  I  T  S  M  M  R  D  E  A  D  L  H  O
```

BEGINNING	DAY	MOMENT
CELEBRATION	DEADLINE	ONSET
CLIMAX	END	SECOND
CLOCK	HOUR	SIGNAL
COMMENCEMENT	LAUNCH	START
CRUNCH	MINUTE	TIMER

FANCY A COCKTAIL

```
O L I V D R E Z E E U Q S G L P
S C A L R O L T O L I V E M I S
E H S M Y R E T L I M E S N Q E
C E R K G A M I S P I R E U U S
I R T U C N O E C U I A P S E S
L S T I R I P S R E P Z S S U A
S L T L I M T E T P C E V Q R L
E S R B I T K S L A I U L U S G
G D A U B A M E L R E E B E R G
N R Y D H I J S R I M H S E P L
A Y L S L U T E E O A L Q V S A
R G D E I I H T N V C T U L A S
O I K C I C C S E E I T K D Y A
S N E G L A S S E R C L O C M Q
H L I Q U H S O S I S S S O S O I
A C S H A K O V E R M O U T H C
```

BITTERS	LEMONS	SHAKER
CHERRIES	LIMES	SODA
COCKTAIL STICKS	LIQUEURS	SPIRITS
DRY GIN	OLIVES	SQUEEZER
GLASSES	ORANGE SLICES	TRAY
ICE CUBES	PINEAPPLE JUICE	VERMOUTH

NEW YEAR RESOLUTIONS

```
S T R A L O S E W E I G H T M E D
K S T E P A T P O D A V O L U N L
O V E E S S A V E M A R T R A E O
O O O R O A V E E H A O G T A I A
B L E E T O V D Y E R N F R E S D
A U T X E S I E F B I A N A R T O
E N R C E T E A M K B T I V O A P
T T A E A R E C O O O O O E M Y T
I V V T S C C M U C N T H L D I A
R O E M A T S I O D F E E W A N P
W L R F R P T O S O E A Y T E T S
R U E E O T K E R E B R B E R N A
E N A T H H C U O T N I Y A T S V
A T S B T N E W H O B W E T R A V
D E S T O P S M D E X E R C I S Y
M E F D R I N K L E S S W R I T E
O R S A V E M O T R E A D M O K T
```

ADOPT A PET	READ MORE
DRINK LESS	REDUCE STRESS
EXERCISE	SAVE MONEY
FACE A FEAR	STAY IN TOUCH
LEARN TO COOK	STOP SMOKING
LOSE WEIGHT	TRAVEL
MEDITATE	VOLUNTEER
NEW HOBBY	WRITE A BOOK

PARTY FOOD

```
E M U S N O C M G C O O K B C
L S C U I S F E N B R M E U O
U P S C U I E A I U U M E F N
N R I P N U A L K F O H S F S
C E Z A R G U C O F V M E C N
S N A I L E F T O V E R S O T
B F V M H A A T C U D E E C L
E N I D O S C D S C O H F O B
N C B T N U I L N M C C N O A
B S U V I K D D A N E I R K N
A N F S C R I T U T B N O B Q
N A I A D V E L S B S K U U U
Q N N L U N C P L O N A N F E
E S C O N B E E A R R I E F T
A H R C O O K B U F F E T F G
```

APERITIF	DEVOUR	LUNCHEON
BANQUET	DINE	MEAL
BUFFET	DISH	MENU
CONSUME	FEAST	NIBBLE
COOKING	GRAZE	SNACK
CUISINE	LEFTOVERS	SPREAD

WHEN THE CLOCK STRIKES

```
R  I  T  U  T  G  E  S  T  U  R  E  R  H  M  C
S  G  O  M  G  R  D  R  O  F  O  L  K  L  I  H
T  N  G  U  F  T  T  G  N  I  S  S  I  K  D  E
E  I  H  N  I  F  O  L  K  T  U  G  O  O  D  E
M  M  L  H  I  S  T  O  R  I  C  A  L  N  W  C
B  O  T  K  G  T  R  R  E  M  B  R  O  O  E  E
R  C  R  L  C  O  E  C  O  H  H  I  R  L  N  R
A  L  A  F  L  U  H  E  R  M  T  H  E  I  E  U
C  E  D  L  O  E  L  I  R  I  A  B  U  C  T  T
E  W  I  E  E  L  T  D  T  G  R  N  I  I  R  L
K  C  T  R  N  U  K  S  O  A  K  O  T  R  A  U
I  L  I  I  A  C  R  L  T  O  J  R  R  I  D  C
S  N  O  L  C  E  M  I  O  E  G  O  E  H  C  E
G  H  N  O  P  O  O  G  R  R  E  M  J  C  O  M
C  I  R  U  G  N  R  O  M  A  E  A  O  I  D  B
E  S  S  E  G  E  S  T  H  G  I  N  D  I  M  R
```

CELEBRATION	GOOD LUCK	REJOICE
CHEERING	GREETING	RITUAL
CULTURE	HISTORICAL	ROMANTIC
EMBRACE	HUG	SUPERSTITION
FOLKLORE	KISSING	TRADITION
GESTURE	MIDNIGHT	WELCOMING

COSTUMES FOR HER

```
E G O D D G G O D M E R M A I D E R
C D O M N Y N H C T I W D O O G S Y
I W I A U T G I M G O D D E L S R I
N I I R R U O O L M E R M I L I U S
D C C Y B A O T L R D I T O A M N K
E K M P S E D E I P A T M F R E M C
N M A O N B S N O N L D H D A D E O
W E R P O G E R Y E K T Y L T U R L
E D Y P W N L T B A O E L D U S P I
N U P I W I G O I O S E R I N R L D
D S O N H P P O T H R O I B I E I L
Y S P S R E M A D E W S R N E E W O
D A S A E E E D D C W C I W L C G
S N O P Y L R N M N E E O M E R L N
C I N D E S I I A S S S I N B R I U
N U R O E C R S I S S O S I S A P R
L N O I R A M D I A M T I N K E R B
W I C K E D Q U E E N T I N K E R B
```

BRIDE	MAID MARION	SLEEPING BEAUTY
CINDERELLA	MARY POPPINS	SNOW WHITE
GODDESS	MEDUSSA	TINKER BELL
GOLDILOCKS	MERMAID	TOOTH FAIRY
GOOD WITCH	NURSE	WENDY DARLING
LITTLE BO PEEP	PRINCESS	WICKED QUEEN

BE HAPPY THIS NEW YEAR

```
I  L  N  I  A  T  R  E  C  Y  C  T  I  A  E
T  O  A  L  S  D  E  V  I  T  I  S  O  P  Y
N  F  I  J  C  D  E  L  I  V  E  L  Y  N  L
L  U  L  D  I  V  F  L  C  P  R  I  D  T  L
D  R  E  I  T  I  P  E  I  A  C  E  L  Y  O
A  C  L  D  A  V  E  L  E  G  G  A  T  N  J
L  A  A  L  T  A  L  L  E  A  H  O  R  T  T
G  E  T  J  S  C  C  U  G  A  V  T  N  S  S
L  D  E  A  C  I  C  N  F  E  S  E  E  M  L
O  U  D  A  E  O  E  V  R  S  D  E  I  D  E
I  J  F  I  A  U  M  J  I  I  S  L  D  C  G
I  A  L  Y  F  S  O  E  F  S  I  I  U  L  E
Y  L  J  L  O  Y  C  N  P  N  D  A  L  L  I
L  E  G  E  E  J  O  S  G  Y  E  L  O  B  V
Y  L  L  D  M  C  D  C  H  E  E  R  F  U  L
```

BLISSFUL	ECSTATIC	LIVELY
CERTAIN	ELATED	OVERJOYED
CHEERFUL	ENGAGED	PLEASED
CLEAR	GLAD	POSITIVE
CONFIDENT	JOLLY	SMILING
DELIGHTED	JOYFUL	VIVACIOUS

COSTUMES FOR HIM

```
H F R R I R F P E T E R P A N P
J U A E O E R O B I N H O O D P
A O N N G T R E T S I S Y L G U
C O J T I S A S R O B I N K A R
K J A P S A E I F R I A C K M J
F A C I R M T T D G T U I S A A
P C K R O G A T O A T R H R G C
I K M A B N R N R R L I N M I K
L F S A I I I L A R P G R A C F
O I N R D R P I A C T O G D I R
T R I N G H R G A I I H T H A O
W A R R I F A P E R T I G A N S
J A C K F I T T R N N N W I L T
K C O L R A W A T M I U A G N N
P E T E I A W H A E W E R E M K
S H A N H A B N R U R T R N G T
```

FRIAR TUCK	MAD HATTER	ROBIN HOOD
GENIE	MAGICIAN	SHIP CAPTAIN
GLADIATOR	PETER PAN	TIN MAN
HUNTSMAN	PILOT	UGLY SISTER
JACK FROST	PIRATE	WARLOCK
KNIGHT	RINGMASTER	WARRIOR

RESOLUTION TO GET FIT

```
I U N A I E L E V R O U B B X
N I A C E X E O N H U A I R A
S A E T R F I R A I L F E T C
O C S I H S L I E A T M E E T
I T I V E L A R N U M U Y X E
N T C E L E E C Y I C L O E L
S R R L I I E T L H R V S R I
M E E I L D T S I T T A L H R
U W X A M Y S H T C B L I E I
S L E C A T T E R L B E A A V
C H E A R T Y A E S T R E E W
U B C O N D I T I O N E D A H
L C N Y H T T H N E N I F E M
A G E A L E E L B I S N E S R
R I E E P A H S N I I E E X E
```

ABLE	FINE	SENSIBLE
ACTIVE	HEALTHY	SLIMMER
ATHLETIC	HEARTY	STRONG
BALANCED	IN SHAPE	TRIM
CONDITIONED	MUSCULAR	VIRILE
EXERCISE	ROUTINE	WELL

A STREET PARTY

```
R Z O N E N H D R U L C I T I
O I R E F R C O E U T A O P E
P I A C L R D O S C N S C F R
E S R N O K S H I W M R N O S
E O S W E O E R D R U O W L L
E C D O C P T U E C S O M K U
M I O I O S O O N D E D O D F
T U A D I S A B T C O T S I R
G L S D R E R H S I P U C S I
A R R I R C D G F T E O I C E
F O O A C R O I R E F R T R N
R A R U A S N E Z I T I C O D
I F O W P R Z N I A P R E C S
S O C T C N I C E R P F R I E
R E F R E S H M E N T S M U S
```

AREA	GROUP	PRECINCT
CITIZENS	LOCAL	REFRESHMENTS
CROWD	MUSIC	RESIDENTS
DISTRICT	NEIGHBOURHOOD	SOCIAL
FOLK	OPEN AIR	WARD
FRIENDS	OUTDOORS	ZONE

RAISE YOUR GLASS

```
R T H O L I O O C O M P L R E M
M E Y N N L E S E N T I M E N T
I H M O E G A S E N R E C O G O
R R S I Y F I C D T H O U G R U
E E A T N N C R E C F A V H N T
C B L N R I O E R R A I R O C E
O M T E O C S M F R O R I N O S
T E R M E E V C E T E T S O M T
I M I R M F T S E R I G F R R I
C E H O N R A E O N E O A U E M
E R I B I L N O G O C C V R C O
R I R B U E T O E D I E O R D N
E C U T N U C L R F A V R E C I
M T E T N E M I L P M O C G E A
E T E S R I N R P L E D G E R L
P L E D E K E D I T H G U O H T
```

CEREMONY   PLEDGE   REMINISCENCE

COMPLIMENT   RECALL   SALUTE

DRINK   RECOGNITION   SENTIMENT

FAVOR   RECORD   TESTIMONIAL

HONOR   REGARD   THOUGHT

MENTION   REMEMBER   TRIBUTE

SCARY COSTUMES

```
L U O H G Y O G H O P E W I Z
R E P A E R M I R G S C L O M
E W W I Z C P I R P R S Y M U
V L E D E V L O R E Z C R O M
I P I R A T E O T O O A O N A
W I Z U E E C S W B M R T R N
E R S C A W N T T N T E C D M
M R E V I O O N S R S C O E U
U W I I M T Z L O W O R D V M
M E T P D O A O F B H O L I W
V R O E M Y Y C O W G W I L M
A T M B E A L M E E I P V C U
M O I R W W V D M P S T E O M
N E W I Z D E V V U S E C R M
W I Z A R D L W E R M W E H D
```

CLOWN	GHOUL	SLAYER
CORPSE	GRIM REAPER	VAMPIRE
DEMON	MONSTER	WEREWOLF
DEVIL	MUMMY	WITCH
EVIL DOCTOR	PIRATE	WIZARD
GHOST	SCARECROW	ZOMBIE

BOOK A VACATION

```
P T T V V E R O L P X E A Y C
V E O T O U R B T D O T R A A
O N N C I Y E E A E X P I M M
Y A O E R A A O C A M S L P P
A V H I C U R G G V I N Y N I
D O O H T B I C E G E A A I N
V Y L G A I N S H R D P B A G
E T R A N V D T I I R E R T I
N E I C E I S E L N V X E N G
T X M R E E Y O P L G C G U N
U P O U E G H L E X B R E O I
R U U I A B E A F A E T O M V
E V N I D B R E E P I R T R I
Y G V N V E X C U R S I O N R
G A T R A V E L K A E R B R D
```

ABROAD	DRIVING	MOUNTAINS
ADVENTURE	EXCURSION	SIGHTSEEING
BEACH	EXPEDITION	TOUR
BREAK	EXPLORE	TRAVEL
CAMPING	FLYING	TRIP
CRUISING	HOLIDAY	VOYAGE

ALCOHOLIC DRINKS

```
H S L D O N R E P S H A H P E E
R W P H M L I Q U O R T N A L O
S E P O A E P O R T U Y L L A A
A E A O R Y C N U O R R P E E C
M T L M S T S H M T M R L A L H
B C E M A A E R A Y E E I B A A
U I A E L G E R E M D P Q R P M
S D R P A V T U I R P N U A D P
A E M E E K R U W Y P A A N W R
M R I R I N M H D M A R G H L I
S P A R K L I N G W I N E N S E
S O S G A S A G L V E R M O E S
A H E G K R D E E B R A N P S W
M M E Y B C W A U O K I R E H E
B R P E R N T G E L L D H R A E
A C U B M A S O I M O S S N N T
```

BRANDY	PALE ALE	SHANDY
CHAMPAGNE	PERNOD	SLOE GIN
KIRSH	PERRY	SPARKLING WINE
LIQUOR	PORTER	SWEET CIDER
MARSALA	PREMIUM LAGER	VERMOUTH
MEAD	SAMBUCA	WHISKY

NEW YEAR SALE

```
B R O W S I N G T O S E B S R I
W T O N O I T C U D E R R P H N
D E R S N O R D E R S T O E T V
R N D P U R C H A S E B W N S E
T E E O R D B U D G U N E E C S
E A N P G I V E H D N M U U L N
S X E O S B L P G D T L G G E O
P T C C I O A E G S A C I D A I
E A A H A S T R E V L B V I R T
G N I V A S S V G E S R E S A C
D C R A D N N E A A Y O A C G A
E O S A E I G R C X I W W O N S
A N C L A N A E G N E N A U I N
S C O A A N D I S C O C Y N Y A
P E R A C E D U C E I C D T U R
E S D E A N D U A R E D U I B T
```

BARGAIN	DEALS	PURCHASE
BROWSING	DISCOUNT	REDUCTION
BUDGET	EXCHANGE	SAVING
BUYING	GIVEAWAY	SPEND
CLEARANCE	INVESTMENT	TRANSACTION
CONCESSION	ORDER	VALUE

PARTY FOOD GARNISHES

```
R E D G C E L E R Y T A P L R P E M
Y I I L M S C R A D I S H A T M R I
S L T A I W O A N L E M G E A T R N
S S L C N S A O R S Y U S E E T E L
N W O E T S L T S R S D R C U C D A
O A R C J U T A E N O C L E M C C R
T T A H P C Y N U R Y T R O U A U I
U E N E A R I P A L C A C C O S R P
O G G R R A S P L R D R U U R P R S
R H E R S D G I S I R M E R R I A E
C E S I L I T T S A B U N S G L P G
A R P E L N S H R E E R C H S M A N
S K S S A R R M R R E D C D P I R A
P I S H C O P A R S L E Y L E N S R
I N C E S S E V A E L T N I M R L O
C F C E O R A L E M O N T W I S T S
J A S C A R R L E M O N T W I C R O
E N C C L S L E S S A T Y R E L E C
```

ASPIC JELLY
CARROT CURL
CELERY TASSELS
CHANTILLY CREAM
CROUTONS
CUCUMBER
GHERKIN FAN
GLACE CHERRIES

LEMON TWISTS
MINT LEAVES
ORANGE SPIRAL
PARSLEY
RADISH ROSES
RED CURRANTS
SPUN SUGAR
WATERCRESS

PLACES TO GET FIT

```
B B W H S P O R T S F I E L D L Y S
Y O A E B O X I N G R I L G O L W C
E X E A F O O S W I M M I N G I G Y
L I R L G O L F C O U R S E M E O C
L N O F L O T H E A L T H M R C L H
A G B D O I B R B I C E I T P L E S
G R I A E O N K U T B N N N L A H B
N I C N X B T I S O G E B A L G E M
I N S C E O B B C B C F H T S Y A U
L G S E R W O E A E E S H W W M L I
W H T C C L X T R L T C I R I N T S
O E U L I I H U I R L L C N M A H A
B A D U S S S T O U T P D N N S C N
T L I B E I E P B G O L I U N E L M
E T O C E B S B O X I N G T N S T Y
N H G L L N K N I R E C I E C E T G
N C O M O O R E S I C R E X E H E E
I L L F O O K C A R T E L C Y C N G
```

AEROBICS STUDIO

GYMNASIUM

BOWLING ALLEY

HEALTH CLUB

BOXING RING

ICE RINK

CYCLE TRACK

LEISURE CENTRE

DANCE CLUB

SPORTS FIELD

EXERCISE ROOM

SPORTS HALL

FOOTBALL PITCH

SWIMMING BATHS

GOLF COURSE

TENNIS COURT

FIREWORK SIGHTS AND SOUNDS

```
Z C A O E E S T L E N B B A S
A N A A W T G N N P B H F E E
C B P A N S H I P O E F N L T
E R K H W H H L B O I G W Z W
T L A T T S C G R L P A N Z I
C O K C H U M M I N G Z M A N
N S H R K W Z H G P B C W D K
C H W Z A L O I H T P I Z S L
G E E S S P E L T N W L C L E
W N Z I I B S F G O H R T N O
F S E L T S I H W S E L Z G A
G L O B B Z H G O E H Z W C K
N P A L Z A C O C M S P M S R
S N A S Z K H H T P S F N F L
G P E C H W L C B E A M K S B
```

BANG	FLASH	SHINE
BEAM	GLINT	SNAP
BRIGHT	GLOW	SPARKLE
CRACKLE	HUMMING	TWINKLE
DAZZLE	POP	WHISTLE
FIZZ	SCREECH	WHOOSH

LAST YEAR

```
A N C I E N T G V A N H I S T
E A C H E N O D S F I N I N I
F X A N C N R A E X T I N C T
I A P N E N D E H S I N A V D
N R E E V D E S P A L E L D E
I R X D R U E O R P P A P P V
S I T E V I V N R E C X T A E
H O D P E E E E I M T N S I
E M A E R X V N R P A R E T H
D E R G T I P O C G O V O I C
A M C O O R T I F E I G O F A
C P M U F S A P R H D G D F E
H A S E I M S P C E V O E O L
I T D H H I S R E G D E P R A
I A N C I O A D P D T A A P P
```

ACHIEVED   EXPERIENCED   HISTORICAL

ANCIENT   EXPIRED   MEMOIR

ARCHIVE   EXTINCT   OVER

DEPARTED   FINISHED   PAST

DONE   FORMER   PREVIOUS

ELAPSED   GONE   VANISHED

PARTY GUESTS

```
C A O A L L U O E R E L U S F
O H L I N L E G T O C O M E R
M E C N A T N I A U Q C A V I
C O C N C C L O M N F R I I S
Y T O S P O U S E C G I D T B
G D M G C L M P W H N U C A U
C U D A O L R P E L S A S L D
O O I U N E P U A O T T S E C
E A U R B A S W O N S E F R O
N R C P R G S D O B I C R L M
E E C T L U R C U L H O I M R
I L N R S E F A L U E G N A A
M E A L L S S A M C H U I L D
R F R I E N D S A M A S R E E
R E L C O L W C D W O R C D N
```

ACQUAINTANCE	COMRADE	IN LAWS
ALLIES	CONTACTS	MATE
BUDDY	COUPLES	NEIGHBOUR
CHUM	CROWD	PARTNER
COLLEAGUES	FRIENDS	RELATIVES
COMPANION	GANG	SPOUSE

RELAX MORE

```
M S S N O O S A P L L O U N R
E T O D E E M R O U T I A N E
L I O R E S P P S T E A M A L
L Z E E M A O L P G N C E L E
E S P L R E N S M R E H D P A
S L L E E L D T D T E I I I Y
L R A A P E E I A N S S T P L
O O P Z L R R L T A I A T C S
U U L E E E P L N A Z W M H T
N T P E L M G O O S T E N I I
S I S L E E P N T O L E N U C
E N I T U O R E U L A G O Y H
E H N S T I A D O O S L E O I
C O R O U D U W E H L U N W I
C S N O Y P O N D S N O O Z E
```

CHILL	MELLOW	SLEEP
CONTEMPLATE	PLAN	SNOOZE
DOZE	PONDER	STEADY
LAZE	RELEASE	STILL
LOUNGE	REST	UNWIND
MEDITATE	ROUTINE	YOGA

FIREWORK DISPLAYS AROUND THE WORLD

```
S A N T I A P U G E D I N B U T
D L U O E S S A M O S C I S R G
U A A D G N Y N R N S A N T I N
B U I T B E D M O I A O E A O O
K C A D R W N D O L S D R O D K
A U C K L A N D B S I P G M E G
K S A N O O K E I N C A G O J N
B R S L L K I A B E I O A S A O
E B O U A J D U J T S D W S N H
I E L Y I L R B N P N N S A E S
J I L N W G U A N A E S M O I S
I U G S H E S M I R W Y O M R E
A U C K L A N L P G Y D S A O O
S I H L E D W E N U O N C S D S
A S E D U B A I W A R E I A U E
M I D U B L I N S E O Y D N B O
```

AUCKLAND	JAKARTA	PARIS
BEIJING	KUALA LUMPUR	RIO DE JANEIRO
DUBAI	LONDON	SAMOA
DUBLIN	MOSCOW	SANTIAGO
EDINBURGH	NEW DELHI	SEOUL
HONG KONG	NEW YORK	SYDNEY

EXCITING OPPORTUNITIES AHEAD

```
P T T N E M O M P O S I T I O N
O D C G L D E S T I N Y M N B R
S E D E T S E R E T N I O M R I
I G P E P A P P O I K O M O E A
T A R N R S I T R A P C E M P W
C R O T P A O I E A A C D P N I
E U S H B C N R M O M E O I O L
N O P U T S B L P E T I C N I L
C C T S P H I N S A N E A T S I
O N A I I R R R V T D C P E A N
U E R A C E O I M A E E P R C G
E E P S G L T E L R L C A E C I
D E O T K O N G E L E L N G O N
A D S I M T O I G L E B K A E T
P E I C E N C O U D E D D D H R
P S T G L R C H A N A P P O I C
```

APPOINTMENT   ENTHUSIASTIC   OCCASION

BREAK   GLAD   PART

CHANCE   INSPIRED   POSITION

DESTINY   INTERESTED   PROSPECT

EAGER   MOMENT   THRILLED

ENCOURAGED   MOTIVATED   WILLING

THE BEST DISPLAY

```
R E I F A B B A E G V I B B V R
V L L E X C R H B R E X C R I E
B I L A N O I T P E C X E I B I
R T V D R A G A V A B E A G R M
I E T I R X H E W T R L A L A E
G C I N D D T O B E I I A P A R
D R A M A T I C O S S N A R C P
T N A R B I V R R T O O P E I T
U N R I V A L E D I G S M F F R
B U V G F A B L T N U E A E I V
R N I B N E D A I P L B B O R A
I R V E U I S L E R U U N R R W
G R E A T N Z R O L B A M A E E
E V R E E Z I A O B B V I V T S
L I A S A O G U M U N R I V A O
I V N D R N S H T A A M A Z I I
```

AMAZING	DRAMATIC	SENSATIONAL
AWESOME	ELITE	SUPERIOR
BOLD	EXCEPTIONAL	TERRIFIC
BRIGHT	FABULOUS	UNRIVALED
BRILLIANT	GREATEST	VIBRANT
DAZZLING	PREMIER	VIVID

LEARN MORE

```
M E U T R A R T L S K I L A T
R E T S A M E X R P S T U U A
V C L A S S E S V A S S T A C
T E E S G A A R E A I O C T H
M R E R M I C L A R R N R E I
E N R O L L T I E E I E C V E
A R G L I E R S U U S E O E L
C I E A C Q T S E E E T U I S
Q N D A E S R A A V O U R H C
U P A E D U K R E C N T P C O
I U G R P Y C I T R E I C A U
R R R X D H E W L E C R R T R
E S E U T X M A S L X E E U S
E D T D A K R O W R S E A T E
C S C M T S T U E R E S E A V
```

ACHIEVE	ENROLL	RESEARCH
ACQUIRE	EXAM	SKILLS
CLASSES	INVESTIGATE	STUDY
COURSE	MASTER	TRAIN
CREATE	PURSUE	TUTOR
DEGREE	READ	WORK

TICKETS PLEASE

```
N O I T A R T S N O M E D N O R
P E R F O R M T O K R R E C E E
F T O K P R O D U C T I C R V H
A U P R O D U C T I O N A E E C
D C N A T T R T M R K N I F R U
M E E C N O P U O C E V C L D O
I E C V T I M D V O N A O L I V
T V S N E I A A D M T E U E S T
T E S C A N O H Y T Y C P L P O
A U E T C M T N R A S A A F L K
N R C E S E R A N H L V P E F C
C T C E E P C O O S I P R S U V
E P A V A T O W F T E D S T N O
T E S E I T O K S R E A A I C U
O R E O C I N E M A E N T Y D C
K F N V O U F C I N E P T L C H
```

ACCESS
ADMITTANCE
ATTRACTION
CINEMA
COUPON
DANCE

DEMONSTRATION
DISPLAY
EVENT
FAIR
FESTIVAL
FUNCTION

PERFORMANCE
PRODUCTION
RECEIPT
SHOW
TOKEN
VOUCHER

REFLECTION

```
A C C E I T U T P E C C A E A
G T T P R A I S E I G S I E P
R P E E A S E F E O S A T U P
A U P A M O U R E E E R R T R
T T R E E O I P N N I C R R O
I W O O C M C L P B E E E I V
T V F S D A U L U O I B Z V I
U I I A S F P T E R R C I R R
D R T I E E E P E W R T N E T
E T P T C T L R R E A F G C N
R E A L I Z E B D O A R O O I
G R W E L C O I E E V I C G A
G E P R A I T C R E D E E N G
S P I H S D N E I R F T R F I
I A P P R O S L G R A T I T E
```

ACCEPT   FRIENDSHIPS   REALIZE

ADMIRE   GAIN   RECOGNIZE

APPROVE   GRATEFULNESS   SUPPORT

BENEFIT   GRATITUDE   TRIBUTE

BLESS   PRAISE   VIRTUE

CREDIT   PROFIT   WELCOME

MORE ALCOHOLIC DRINKS

```
C O G N O B C O G N A O H A T
I P E S H E R R Y C I E C R G
C D K T E Q U O U O R I O V N
H A A E Z E P O W G G P B O U
A T S R T N N U B N N A U O U
M E S P K N O I L A A O A O S
B Q A H O R T B W C S L L U C
O U N S V T U E R Y I E E Z H
R I G O E S R M S U E C S O N
D I D R A C A B Q S O L A E A
U K A R D R D E R A D B R Y R
A L G L T D T T T E Q U H A C
E A I S A N G D C H A M B S B
R M C O G S C H N A P P S G R
I N I T R A M B R O B A C A R
```

BACARDI	COGNAC	SAKE
BARLEY WINE	DARK RUM	SANGRIA
BITTER ALE	MARTINI	SCHNAPPS
BOURBON	MILD	SHERRY
BROWN ALE	OUZO	TEQUILA
CHAMBORD	PORT	VODKA

CONQUER A FEAR THIS YEAR

```
R  S  R  G  C  H  I  C  S  S  D  C  L  O  S
D  E  N  T  I  S  T  H  E  C  D  A  B  I  R
C  O  D  A  T  H  U  L  E  H  A  B  R  S  C
H  C  A  N  K  R  D  D  R  I  W  I  D  K  A
I  T  H  U  U  E  B  H  T  C  G  R  O  H  D
B  I  R  S  E  H  S  E  L  K  S  H  C  E  A
T  R  E  N  D  T  T  I  W  E  E  W  T  I  D
L  H  E  I  R  R  I  G  S  N  L  A  O  S  O
L  I  G  H  T  N  I  N  G  S  I  T  R  N  C
W  A  T  E  S  S  W  B  O  C  T  B  I  D  F
N  C  A  E  T  O  C  C  L  O  P  I  R  L  S
E  R  C  A  L  R  E  T  A  W  E  R  Y  R  P
E  T  C  C  R  E  H  E  I  G  R  I  B  E  I
S  G  S  R  E  D  I  P  S  R  N  R  I  P  D
S  P  I  D  E  R  E  P  T  G  S  L  R  T  T
```

BIRDS	DOCTOR	REPTILES
CATS	FLYING	SNAKES
CHICKENS	HEIGHTS	SPIDERS
CLOWNS	INSECTS	THUNDER
DARK	LIGHTNING	TREES
DENTIST	NEEDLES	WATER

GLASS OF WINE

```
A L I C I N I I P N N S A U V R
C H A R D O N N A Y G R E N A T
A L I C R L S N L A C I N S E P
M A L B I L G A O R E I S M C A
G N I L S I E R M C S O P P H L
C H A R V M S A I C E R E A E T
P I N U U E N L N E A B T L E C
O C A M L S A I O N S E L N G A
T S G E S A O L I C O O R A C R
A C R M N O M L I L H E C I M I
C H E O E N L B O C B E N B S G
S E N S E O A I R A A S N L E N
O N C H E N N S C U A N Y I M A
M Z A R I H S N R U S C T C N N
G R E N A C H E L A C C I O D N
T O N I P C S T N M M R O M A R
```

ALICANTO   GRENACHE   PINOT

CABERNET   LAMBRUSCO   REISLING

CARIGNAN   MALBEC   SAUVIGNAN

CHARDONNAY   MARSANNE   SEMILLON

CHENIN   MOSCATO   SHIRAZ

CINSAULT   PALOMINO   TEMPRANILLO

GRATITUDE

```
A N N W I N D F A B A N A B B
L S L H O M A G E B O L O L C
N B S A P P R E C I A T E E B
R O E I E E S V T R E S P E O
E N I R S U S I T S I A L G N
L U U T P T N I K L H C L I A
I S V P O G A N A O S K A F P
E V O L O V A N N R D N F E R
O R A C R H E O C N P O D I A
T T E F T E R D S E T W N L I
P R S G N I S S E L B L I E A
L H O M G H N P E L R E W R C
E L R I H O M A E I E D H U K
H O F L H E H E T C L G E I N
E T A C K N O W L L T E H O N
```

ACKNOWLEDGE	GIFT	RECOGNITION
APPRECIATE	HELP	RELIEF
ASSISTANCE	HOMAGE	RESPECT
BLESSINGS	HONOR	SUPPORT
BONUS	LOVE	THANKS
DEVOTION	PRAISE	WINDFALL

FIREWORK COLORS

```
V R E P P O C E S D L O V Z R
I A A A A E H I A L I T C E J E
W H I T E D R R Z N E C O P I
H I N D I G O P R V L O C F L
U L H O G U L I R L O R L U L
B L P O L R U C E E I A N C W
R W V O L D E N E M V L W H D
T L O W E R L D S E Z W L S I
R E V L I S E O E E E D E I L
E Z A S L G N Z G P C O R A U
R L E L N E N E O O U I T C R
U A O A R O Y G Z O E R T C R
Z E R O R G E E G N O D P Z O
A O W B G E O R E A I D A L E
C E I E L S B G I O H E W J E
```

AZURE	FUCHSIA	RED
BRONZE	GOLD	SILVER
CERISE	INDIGO	TEAL
COPPER	JADE	VIOLET
CORAL	ORANGE	WHITE
CRIMSON	PURPLE	YELLOW

START A NEW HOBBY

```
G N I W E S K M A C R H R M C P R
C R O C H R T N I L C N O I H A A
C G P A T C A E I T G S P C A I Q
C N E M B R P G I T A K A A P N U
Y I E M B R E T N I T I I L A T I
R T O R I G S G C I N I N L T I L
E N P W M S T Q T O H C N C C O L
D I A C S O R U U I U C A G H N I
I A T O S H Y I M I L L T C W C N
O P R G N I K A M T L E F E A W G
R C K N I T G C K I G T S M K S F
B I O T A I R A G A C N I E L S E
M S R A R O I R D R A W I N S O L
E E I O C I A Q U I L L I V G R T
Y W G H E P G N I W A R D P A N M
Y I E I H Q P A T C H W O R K E A
A T H Y M M A C R A M E C R O C W
```

CALLIGRAPHY   KNITTING   QUILLING
CROCHET   MACRAME   QUILTING
CROSS STITCH   MOSAIC   SEWING
DRAWING   ORIGAMI   SKETCHING
EMBROIDERY   PAINTING   TAPESTRY
FELT MAKING   PATCHWORK   WEAVING

COCKTAIL NAMES

```
I N V I G O A T I R A G R A M I R
P M A R G A J U B I L E E E J M G
D I J U B H T W I S T I S V E A T
A N N I N V O T W W K I T N R N A
M T O K H O N N I B R M E M S H R
E N E I C C X S E N I M S I E A A
M O E V R H T T U Y E G E R Y V R
I L N K L E E S E M D M J O L R Y
B H R A R E A V P M L E I T I N C
R T E Q C L V H O O L N W A G E A
O M A R I I I K R L I I Y R H T G
N I N U H S R I C L E A L O T T N
X W Q H B O H E L A N T A G N A I
I E L E I N V E M G L L A I I H T
T I L I N V B J M A N B N V N N E
J L H C N U P R E G N I G N G A Q
E Q U A R T E R D E C K X I H M B
```

AMERICANO	JUBILEE
BELLINI	MANHATTEN
BLACK VELVET	MARGARITA
BRONX	MEMPHIS BELLE
GINGER PUNCH	PINK CHEVOLET
HONEYDEW	QUARTER DECK
INVIGORATOR	TEQUILA SUNRISE
JERSEY LIGHTNING	TWISTER

A NEW ERA

```
S E A K D E C C H A C R W N E
P C Y C R C P H W E H E E E E
H T E Y E E C T T A A T E E S
A R P H A N E N P E R R T D E
C H G D W Y N O M O M A Y E A
D M M R E T Y M N T D U Y A S
A O E A E C P Y D I T Q A T O
Y M R Y K E A E R A E I N I N
E S E G R E E D E U R G M Y E
P H A I H Y L A E E T Y E E E
D M O M E N T C T M C N W E D
Y D E S E A H P Y M D A E E D
D E C M E S A H P C A E T C A
A P H A A H A P E R G S I D A
O C H A C R C E N A H A E A A
```

AGE	DECADE	QUARTER
CENTURY	ERA	SEASON
CHAPTER	MOMENT	TERM
CYCLE	MONTH	TIME
DATE	PERIOD	WEEK
DAY	PHASE	YEAR

FIREWORKS AND WATER

```
L R E S T U E E E R C K S C V
I E G V B R G I S I H O Y O E
T E S Y A D I S T V C S A A S
S E D S I I I L U E A I B S S
E E D R E K N A B R E V I R T
A O B I A V B N D T B B A R S
F E F T S I S D W A T E R Y O
R R E F L E C T I O N S A G F
O E N C S F K P S E F W O N F
N P I E R H O A H S R I T I S
T N E O O N O A L E Y B B T T
Y R A U T S E R T P A R R A B
B T A O B F O A E R R N I O A
B A O R A U W E G B A R D L R
O N B O B O R E R I V E E F S
```

BARGE	ESTUARY	PONTOON
BAYS	FLOATING	REFLECTIONS
BEACH	ISLAND	RIVERBANK
BOAT	LAKESIDE	SEAFRONT
BRIDGE	OFFSHORE	VESSEL
COAST	PIER	WATERWAYS

DIET THIS YEAR

```
P L A E C I U J Y R E L E C E P
G L U S O U T H B E A C H P B P
T A Z O N E Y B G H A L N G U A
M E L U O E L A P S T I Y O A P
T E A K Y E U T G A K Q S D T L
E L D Y A R I E L R I E Y A K A
E B K I H L N R U C G C R A B N
R A R R T A I X O A S O U L B T
F T A A G E Q N B L A A O Z L B
N K R E C A R B E B A O O D O A
E I V L C W A R L H D C E A O S
T N B O E C O O A G I T W I D E
U S T W L T A L R N O F C O G D
L P L A N T B O A X E I E A L V
G B B L I Q U I D R D A L L N E
W N D E T P I B A L K A N K Z G
```

ALKALINE	DETOX	MEDITERRANEAN
ATKINS	GLUTEN FREE	PALEO
BLOOD GROUP	HAY	PLANT BASED
CABBAGE SOUP	LIQUID	SOUTH BEACH
CELERY JUICE	LOW CALORIE	VEGAN
CRASH	LOW CARB	ZONE

MYSTICAL AND ANIMAL COSTUMES

```
P E N M A R N G A R D E N G N S
D R A G O N E A S P E N G U T D
N U A H C E R P E L T R O O R I
T A O T P A N T O H O R O P G N
R E E N R T I P U S S B W U M E
O S O S C O N W H I N O H S A G
C O W A R D L Y L I O N I S R W
G O N N I O K L S T R N T N C H
A G R U I N H S E U O E E G H I
R N O D H U U O A N R A R D H T
D E C D O P G S T B D I A R A E
E D I O N N O N U N F I B A R R
N L N N O N K N E F A A B G E A
G O U K I G N E I P E P I I N B
N G G D N Y C N Y L E P T P A N
E M O N G N E D R A G D O N L K
```

COWARDLY LION	LEPRECHAUN
DINOSAUR	MARCH HARE
DONKEY	PANTO HORSE
DRAGON	PENGUIN
EASTER BUNNY	PUSS IN BOOTS
GARDEN GNOME	TROLL
GOLDEN GOOSE	UNICORN
GRIFFIN	WHITE RABBIT

JOIN A SPORTS CLUB

```
R A T I G G W C B S L W O B G C
O T I T O N A G O B O W A N G Y
W H R O W I N G X N M B I N N C
C L R G B M O G I R A X A R I L
O E I A N M R U N D O C N C L I
S H O O T I N G M B N A G A G N
R U N N I W T I B C G N L N N G
N R M G O S N F A N A O I O A C
I Y U G O T F Y I T A E A E T A
G O A N O E O B R L H C T I A N
M B N N N L M L A E T L H N B O
I O L C G I F S H O H H E G L Y
I X I I L L N B O X I C G T E T
G N N C B O W G B O W G R I I O
G S I N N E T E L B A T N A E C
C S W I M M C Y C L I S N G M W
```

ANGLING	CANOEING	ROWING
ARCHERY	CLIMBING	RUNNING
ATHLETIC	CYCLING	SHOOTING
BADMINTON	FENCING	SWIMMING
BOWLS	GOLF	TABLE TENNIS
BOXING	GYM	WEIGHT LIFTING

MORE COCKTAIL NAMES

```
O R A N G E B L O S S O M I I O T
B L A S Y A P R I C O T L K T Y S
B U C K C R C O S M O P O I O D Z
N S C M A R A S A N G R J C R N Z
I A I O M I E M B L E O C O R A I
A N I A R O T W Y Z M E O R C R F
R G S S S O C B D D D Y R O O B S
M R O T S A N I T R O P A N S T K
B I B L A U M A Y B I O A A M O C
L A B L A E R M T W C V L T O C U
A B L A L I A K N I I I E B P I B
C D U A L R S Y C A O A D R O R A
K A Y I T A I S T A M N R E L P A
L O E I U V T I G I L I Y U I A P
R L N G U I O D R Y M B M O T B R
N I P O R N M I E H N E L B A L I
B L A C K L A C E A B L E N N E C
```

APRICOT BRANDY	COSMOPOLITAN
AVIATION	DRY MARTINI
BLACK LACE	MOJITO
BLACK RUSSIAN	ORANGE BLOSSOM
BLENHEIM	PORT IN A STORM
BLOODY MARY	ROYALE
BUCKS FIZZ	SANGRIA
CORONATION	SCREWDRIVER

SAVE SOME MONEY

```
D O C B C E X P E C N F U N E
W O G O A A L L O C N C E A A
U U U T S N P Y E E H F R F E
C C R G H S K S C A S N L R F
W S E B H Y X N N N I E U N I
E E M A Y R X G O N E T G S N
A C U N F A E S G T I R N A A
L N N K I L P S N D E E R C W
T A E N N A G N N W S S W U L
H N R O A S R E N A A W E N C
D I A P N S P T S G M L A O A
O F T E N X F I N A N C L B H
U A I I E H E C N A W O L L A
T O O L C A P I C A P I T A L
U C N E E A R N F U N D S P A
```

ALLOWANCE	CURRENCY	LOOT
BANKNOTES	DOUGH	PAY
CAPITAL	EARNINGS	REMUNERATION
CASH	EXPENDITURE	SALARY
CHANGE	FINANCES	WAGES
COINS	FUNDS	WEALTH

A NEW YEAR PARADE

```
S N T F E V E N T A G G E E C P
H R O T E S A L A G A X S A M A
I A H I C S F A N E T Y P H H G
S S I F S L T I R R C A E I N E
T T S A L A L I A O E L C S O A
F T R N A A C V V P L P T T I F
A R L A U A A C A A Y S A O T N
N A N N D G H G O R L I C T A W
F D N F A I E C A S C D L R R O
A A E N A A T M R T A T E A B H
R D Z S N H O I L A T R O D E S
E A P T O T A T O E M A C I L G
H C A A S F E S T N S D C T E A
I E G U T H I S T O R I C R C P
S L C C E L E B R A Y L L A R A
T N O I T A R T S N O M E D N G
```

ANNUAL	EXTRAVAGANZA	OCCASION
CELEBRATION	FANFARE	PAGEANT
CUSTOMARY	FESTIVAL	RALLY
DEMONSTRATION	GALA	SHOW
DISPLAY	HISTORIC	SPECTACLE
EVENT	MARCH	TRADITION

JOIN A NEW

```
N E U S Y A F F I A U N I O N A
C C C R N T B I W R A L L I F A
O N N R S U E E N L E A G F S G
N A Y E L C R I C S E N I I A U
S I N C C C E U C Z T L I N F I
O L A U L A S S O O I I O E F L
R L P A F F I L E A S I T E I E
T A M R D F E N T L T P O U P A
I N O I T A Z I N A G R O O T G
U C C B G G O D I I N S T R B E
M I T U S N R C L A S S O D C L
N R E E O I O O R I U B C E I E
G C S L C S O R U B U A O R R A
A F F I S C O M P P A G M G C G
L O N A N E F E L L O W S H I P
B A N D F E L G U I M F G U I N
```

AFFILIATION COMPANY INSTITUTE
ALLIANCE CONSORTIUM LEAGUE
ASSOCIATION CREW ORDER
BAND FELLOWSHIP ORGANIZATION
CIRCLE GROUP SOCIETY
CLUB GUILD UNION

WINE TASTING TERMS

```
G A M E Y K B B O I T B T T B
S B Y I T Y K A O T I A H I R
C A N H A D D O L R R L O R A
R L I A G A M A F A N A A O A
I N D E E R R A R T N S R C N
S E E R E L O A U S T C Y C C
P R R I T E C I I R C T E O R
Y T I U R F N T I T I A S R I
N O T P B O U N E D T H L K C
B C R I E O G B I U C R I E L
O F R U I E U C E Y Q T I D E
U C T Y N Y A I B D B U C L E
Q T C T E S O N O O A G O T B
P A L A T E P O U B L A Y B O
R E G A M C R A Q I A M C O I
```

ACIDITY	CORKED	PALATE
ASTRINGENT	CRISP	RACY
BALANCE	FRUITY	RIPE
BODY	GAMEY	TART
BOUQUET	NOSE	THIN
CLEAN	OAKY	TIRED

NEW YEARS EVE

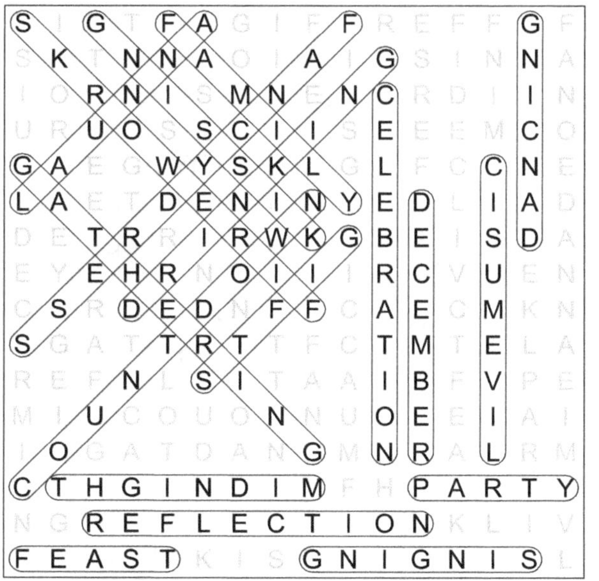

PARTY INVITATION

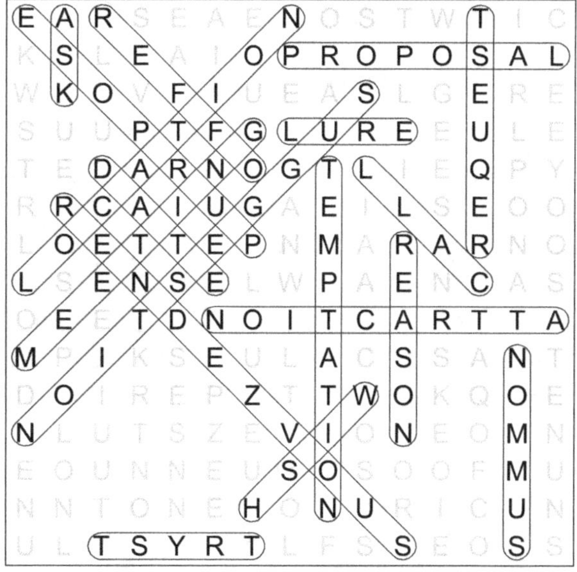

NEW

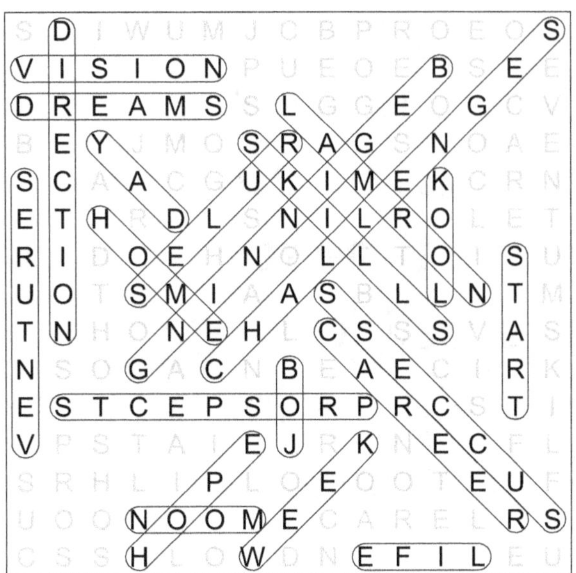

FIREWORKS

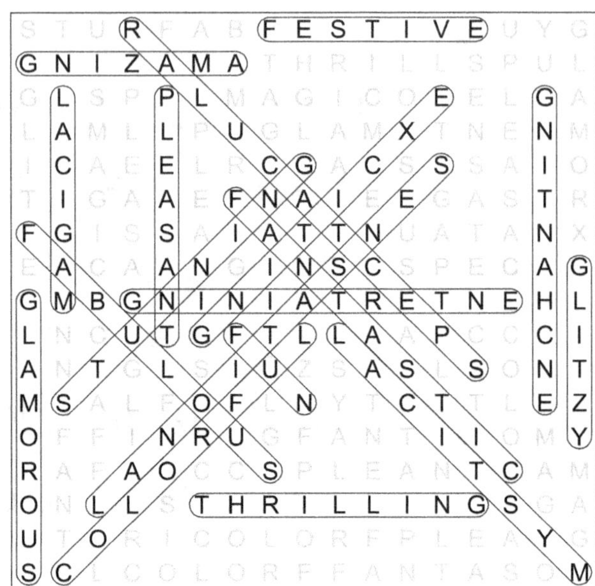

A FAMILY MEAL

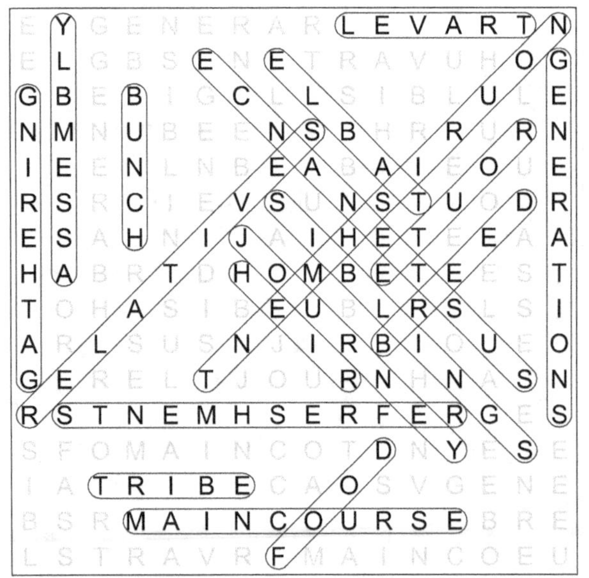

A FAMILY PARTY

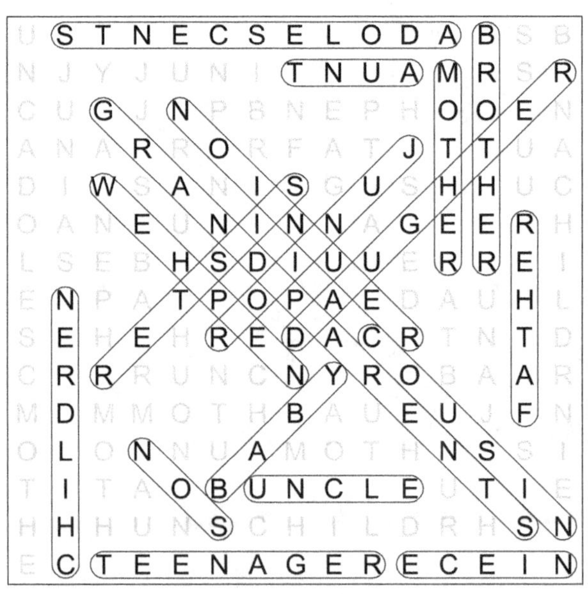

COUNTDOWN

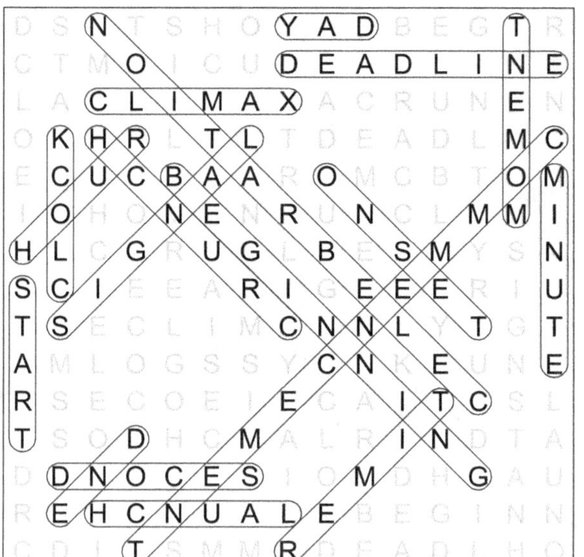

FANCY A COCKTAIL

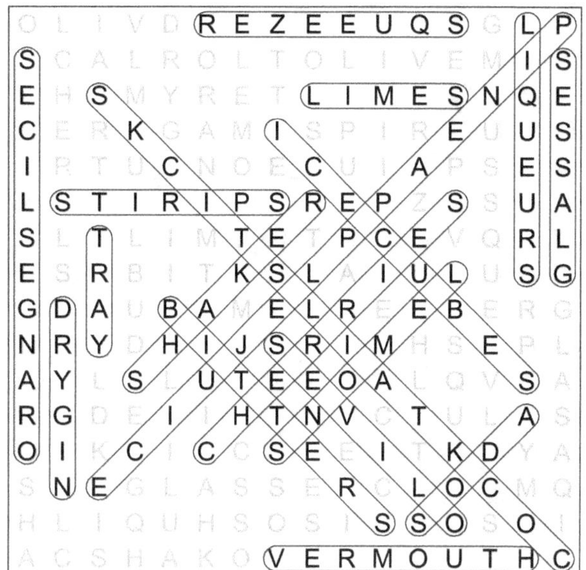

NEW YEAR RESOLUTIONS

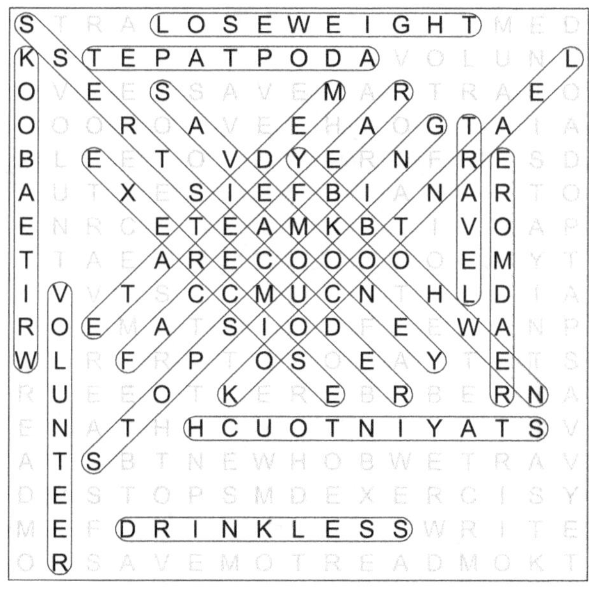

PARTY FOOD

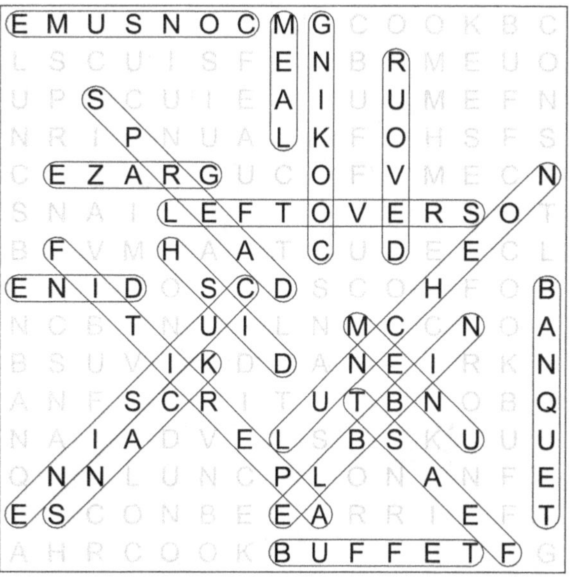

WHEN THE CLOCK STRIKES

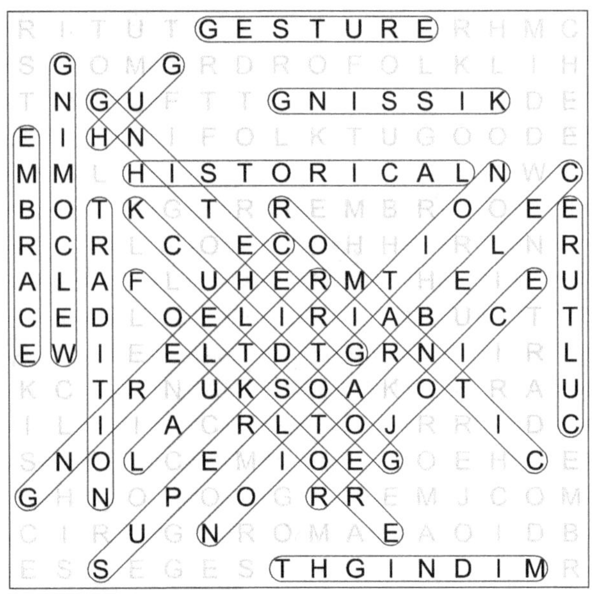

COSTUMES FOR HER

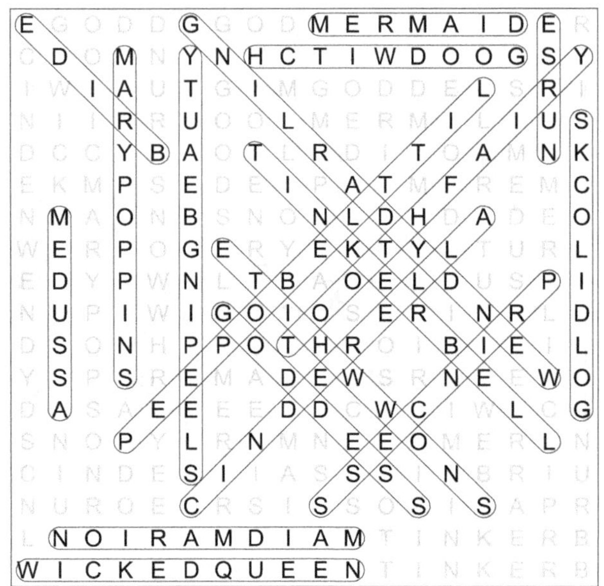

BE HAPPY THIS NEW YEAR

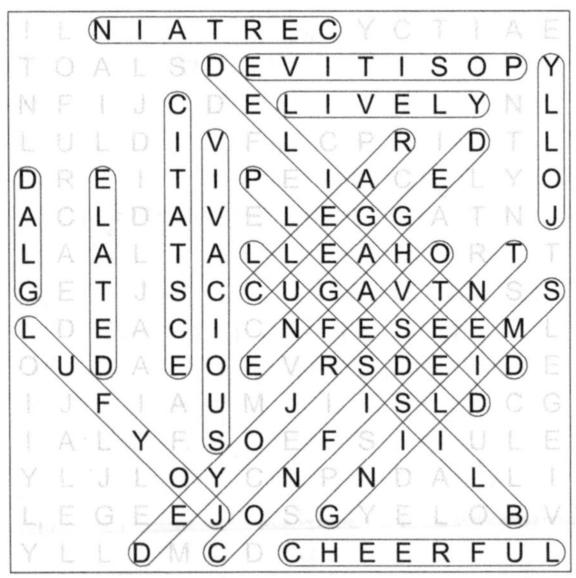

COSTUMES FOR HIM

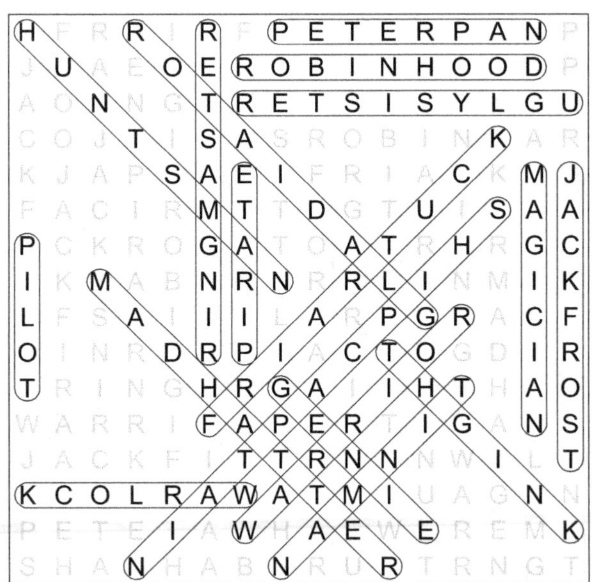

RESOLUTION TO GET FIT

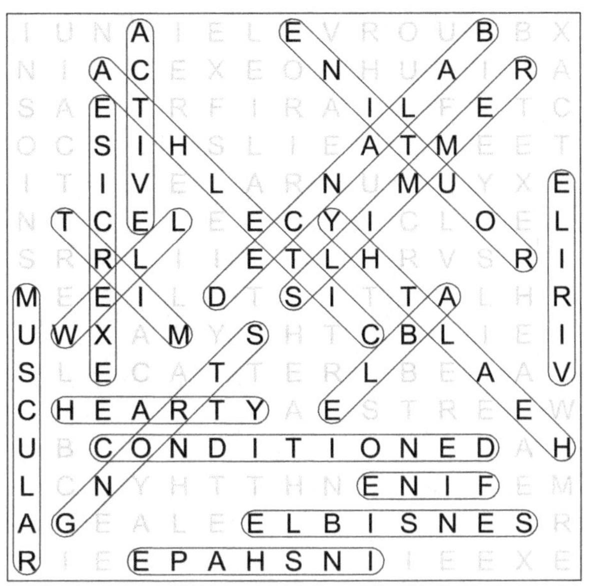

A STREET PARTY

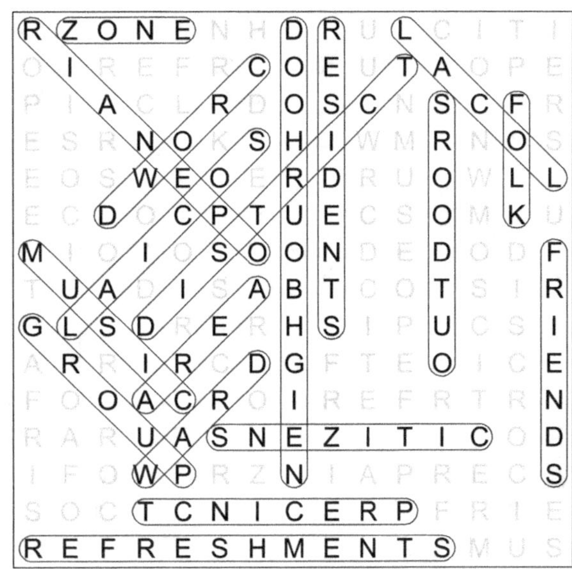

RAISE YOUR GLASS

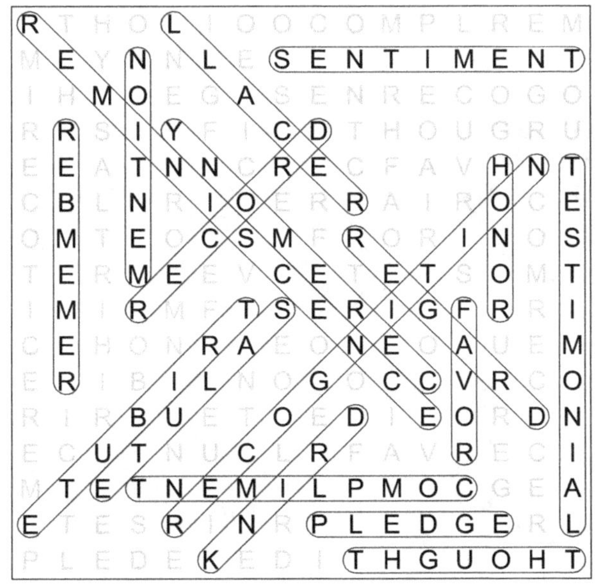

SCARY COSTUMES

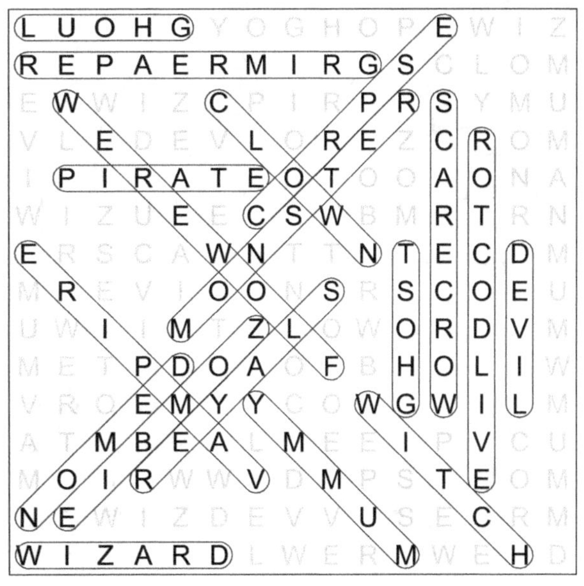

BOOK A VACATION

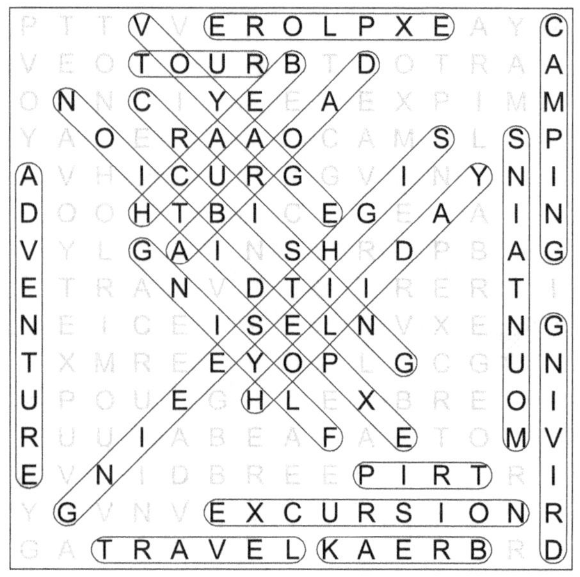

ALCOHOLIC DRINKS

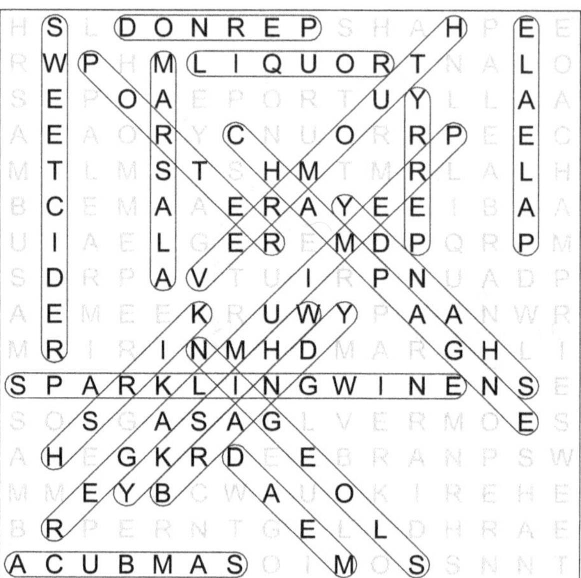

NEW YEAR SALE

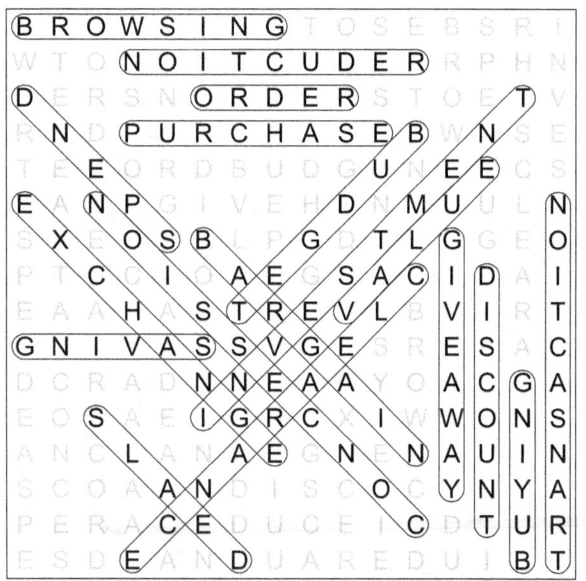

PARTY FOOD GARNISHES

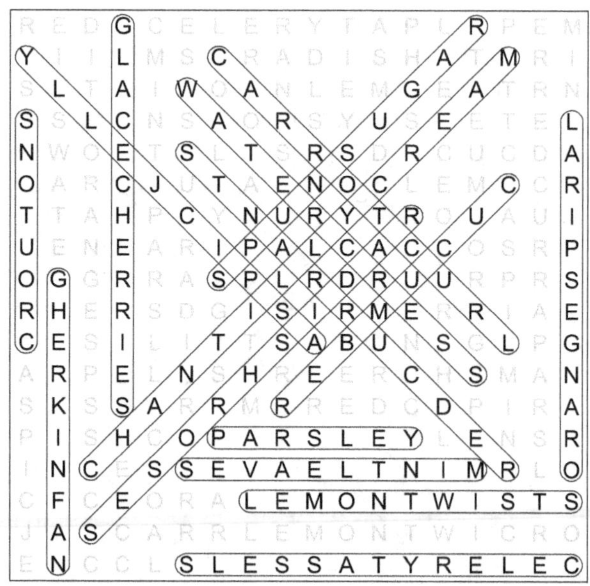

PLACES TO GET FIT

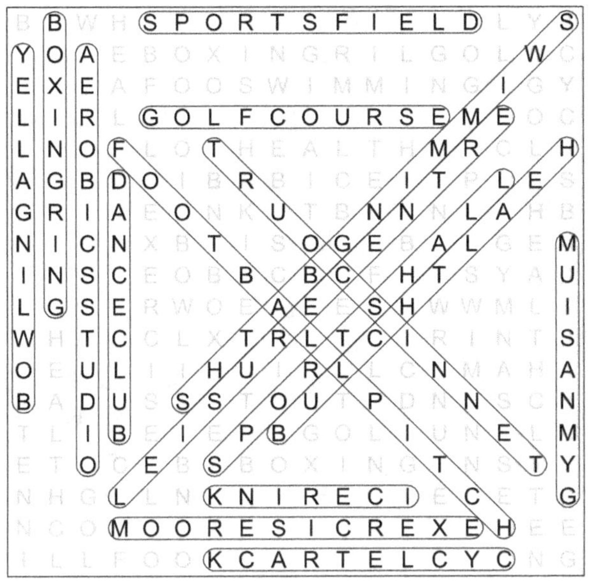

FIREWORK SIGHTS AND SOUNDS

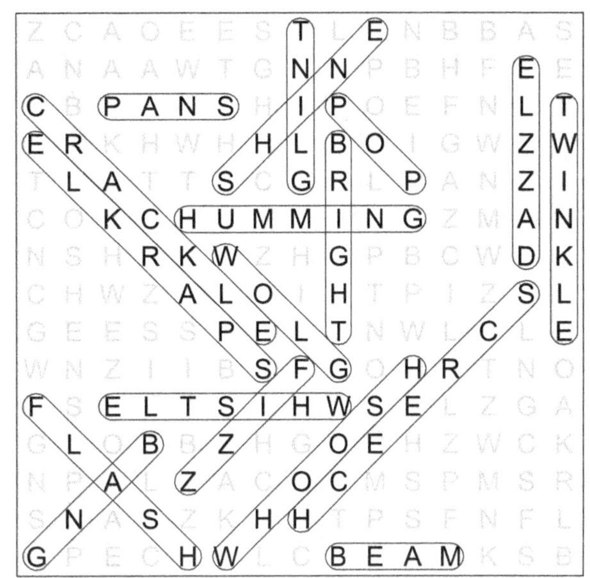

LAST YEAR

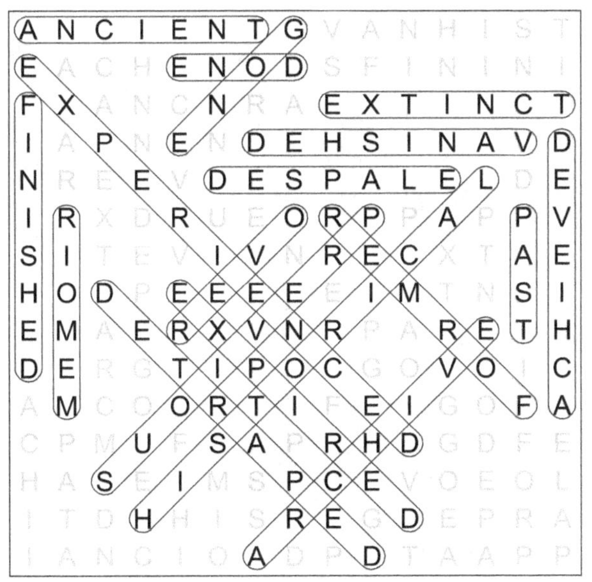

PARTY GUESTS

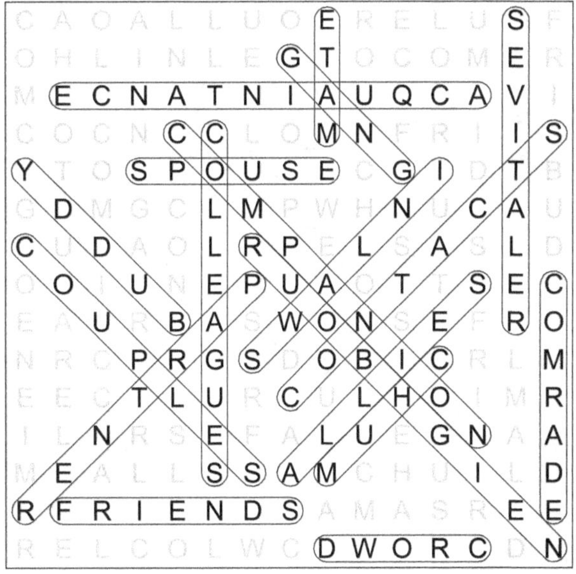

RELAX MORE

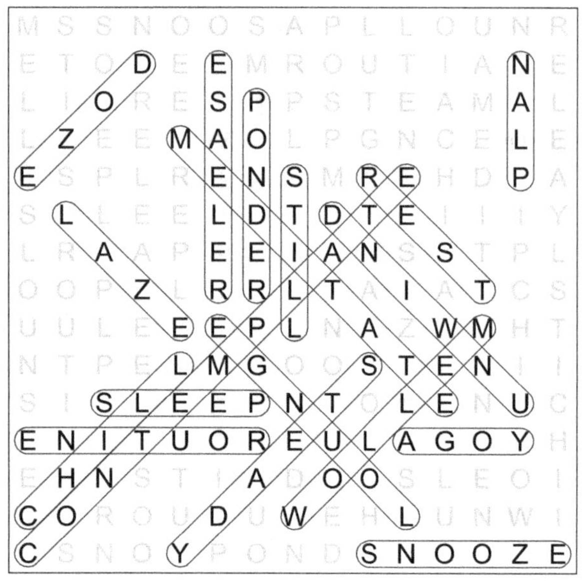

FIREWORK DISPLAYS AROUND THE WORLD

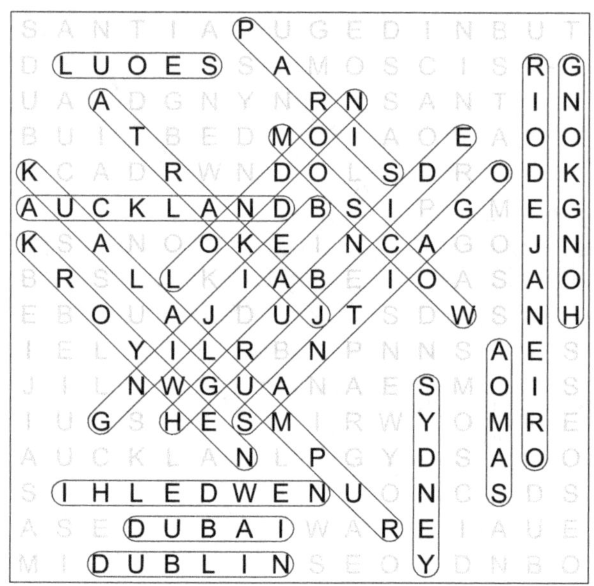

EXCITING OPPORTUNITIES AHEAD

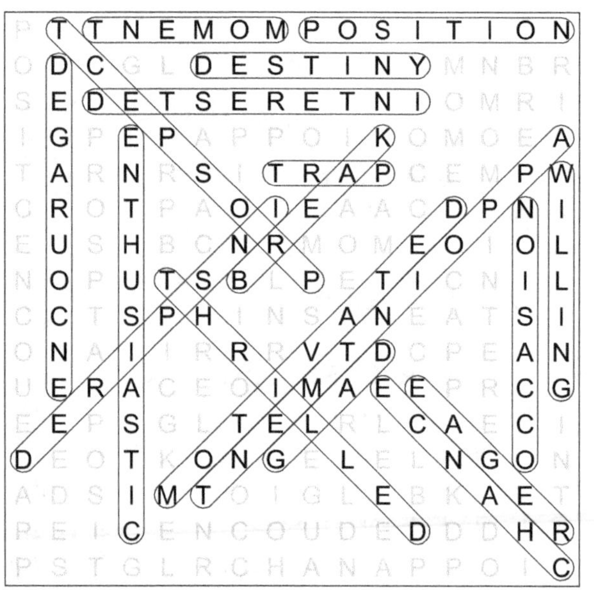

THE BEST DISPLAY

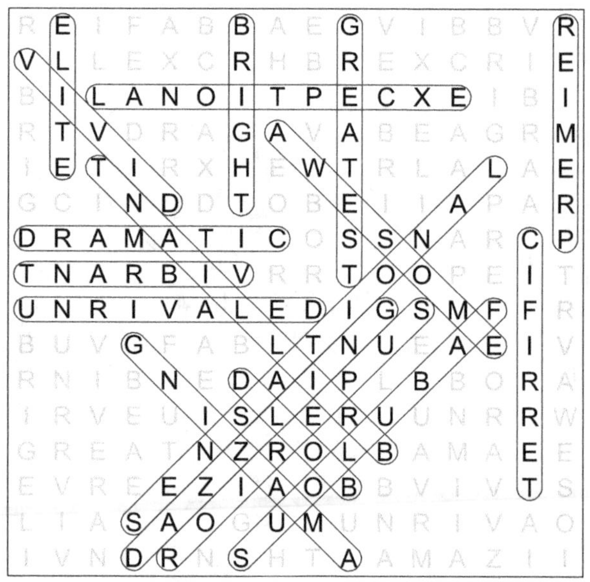

LEARN MORE

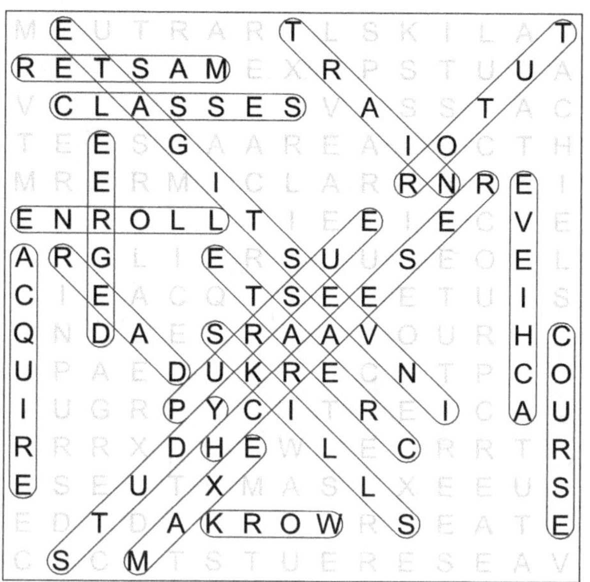

TICKETS PLEASE

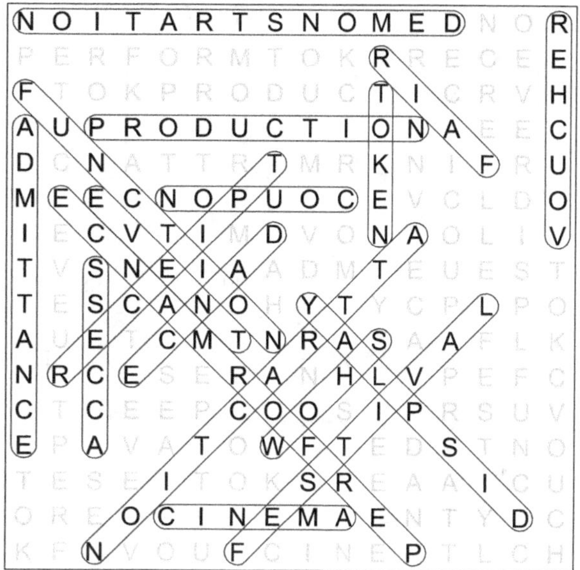

REFLECTION

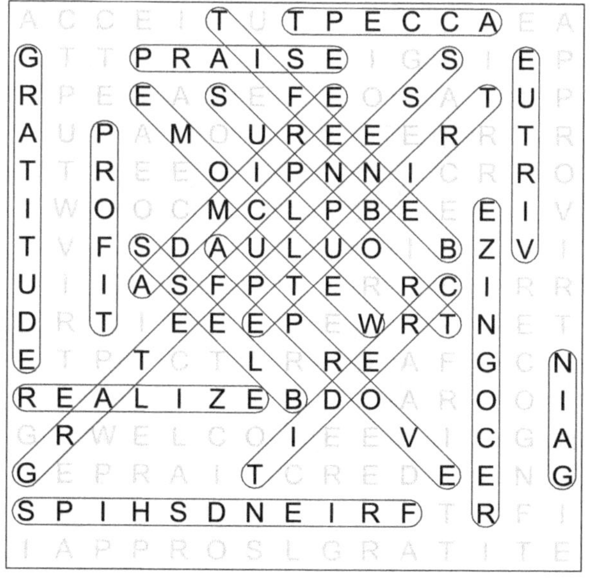

MORE ALCOHOLIC DRINKS

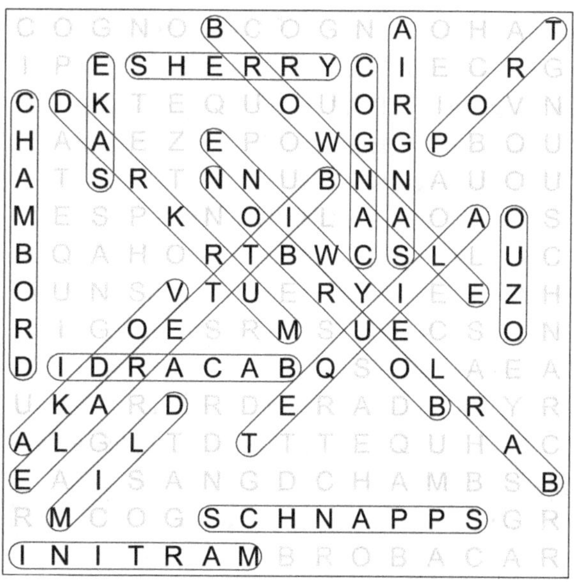

CONQUER A FEAR THIS YEAR

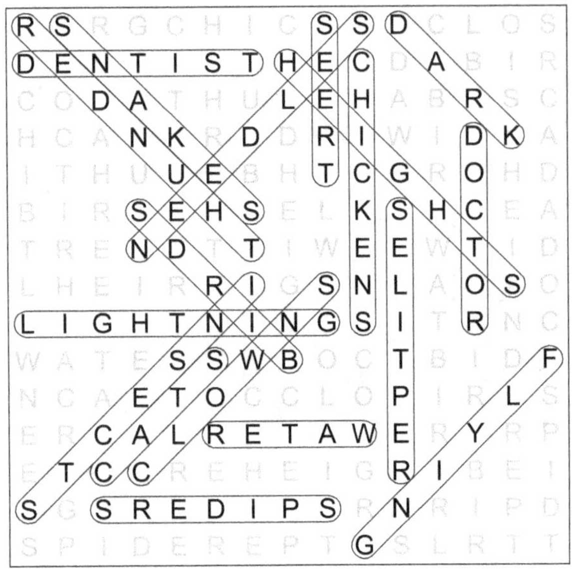

GLASS OF WINE

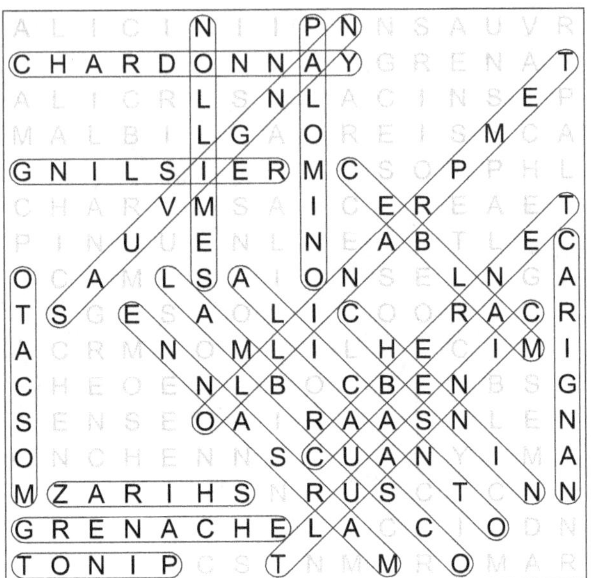

GRATITUDE

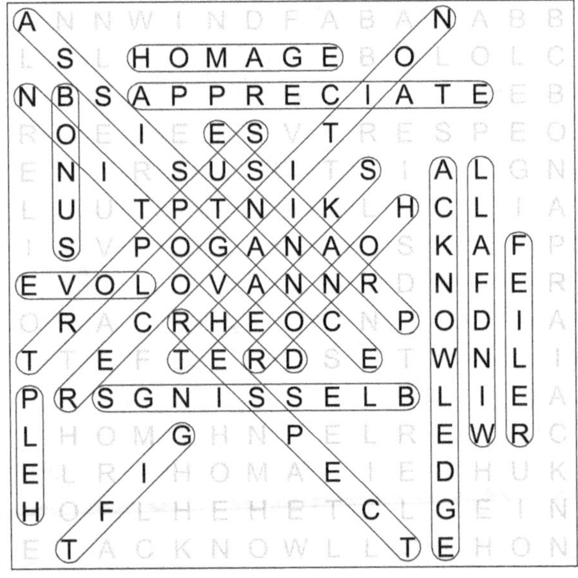

FIREWORK COLORS

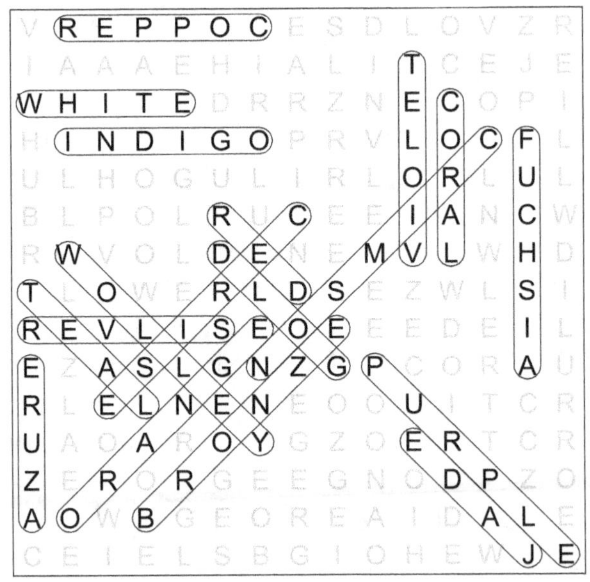

START A NEW HOBBY

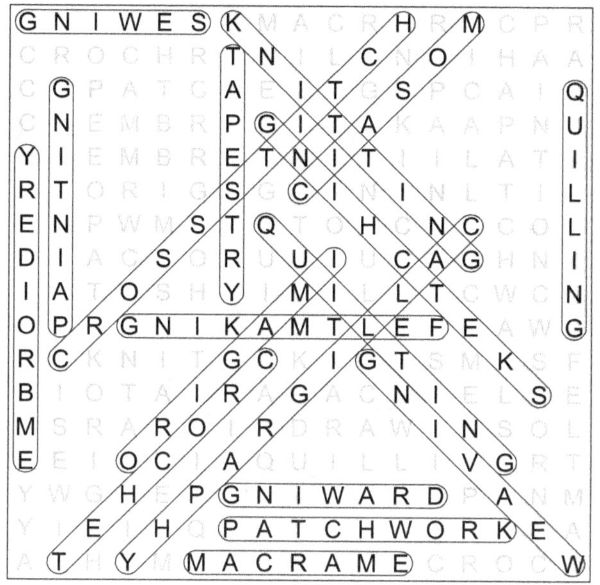

COCKTAIL NAMES

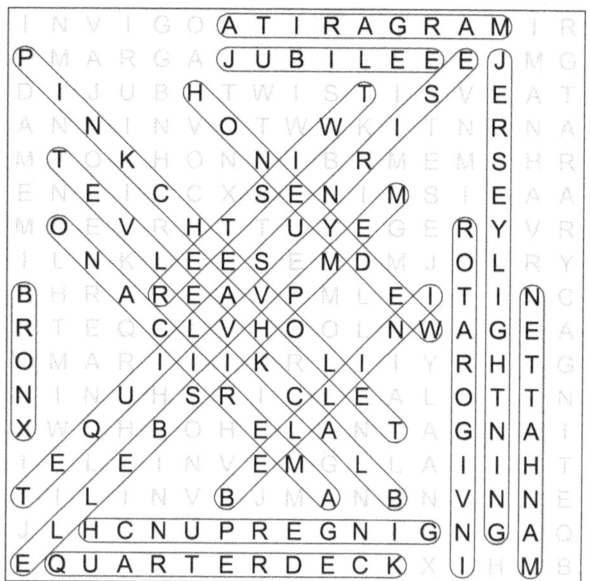

A NEW ERA

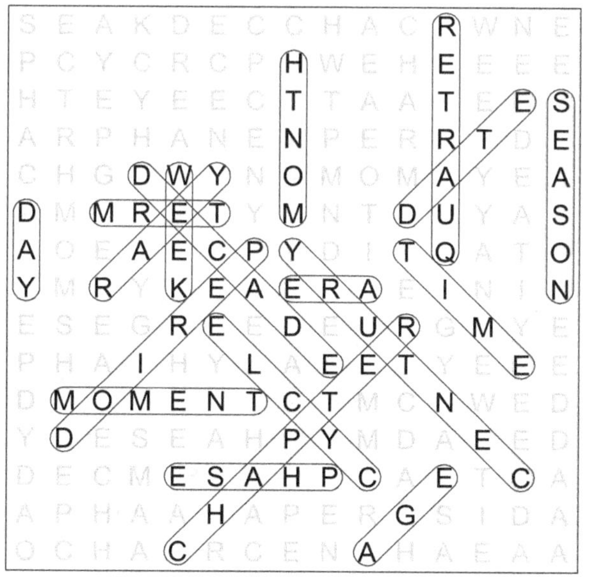

FIREWORKS AND WATER

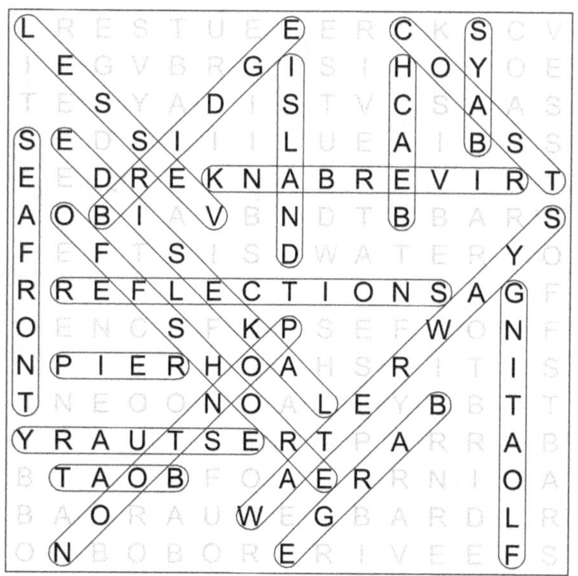

DIET THIS YEAR

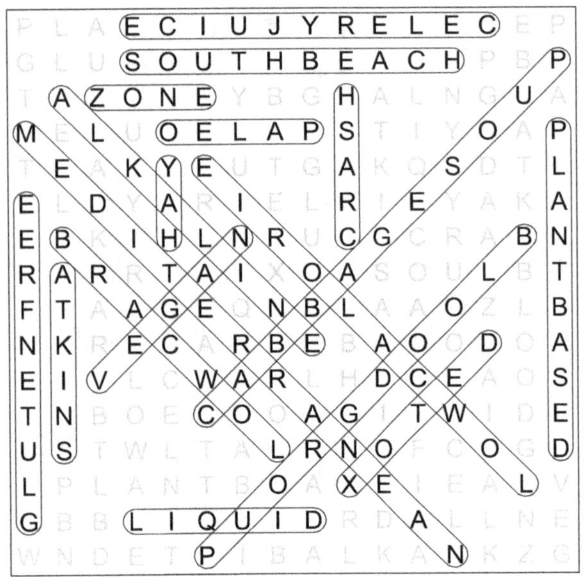

MYSTICAL AND ANIMAL COSTUMES

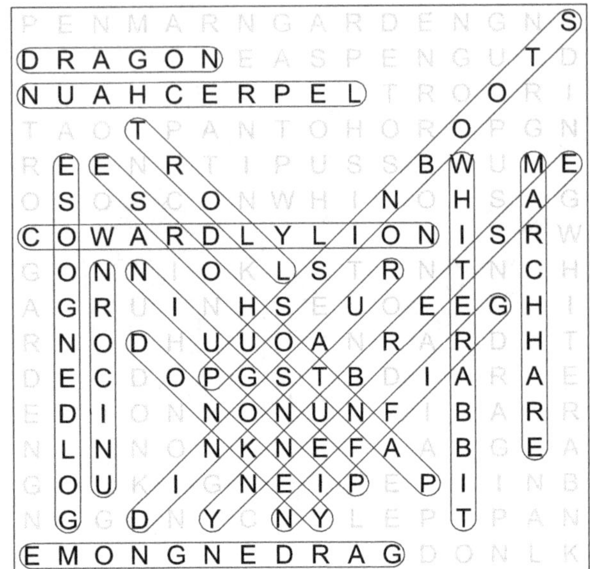

JOIN A SPORTS CLUB

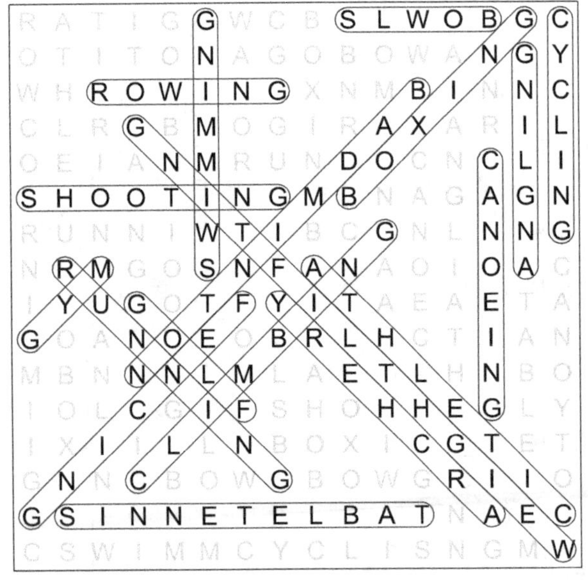

MORE COCKTAIL NAMES

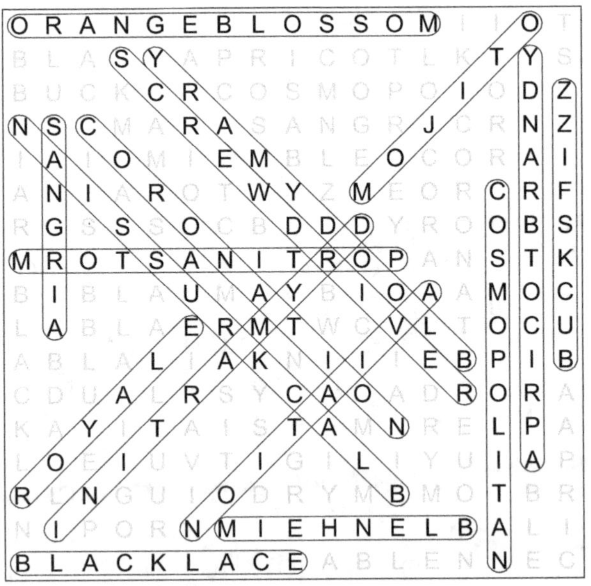

SAVE SOME MONEY

A NEW YEAR PARADE

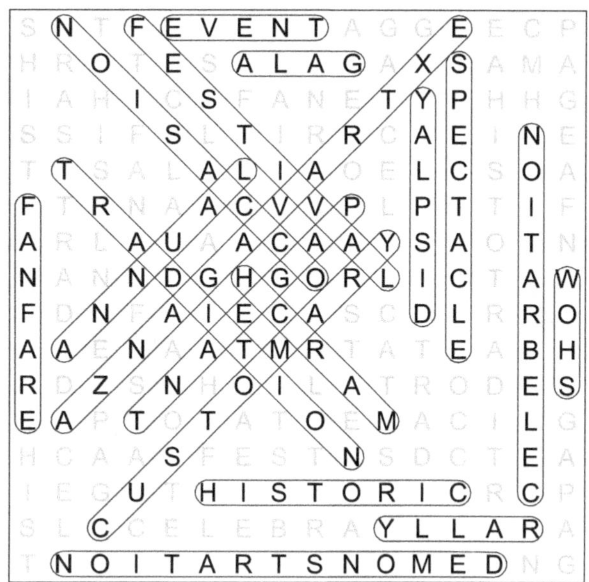

JOIN A NEW

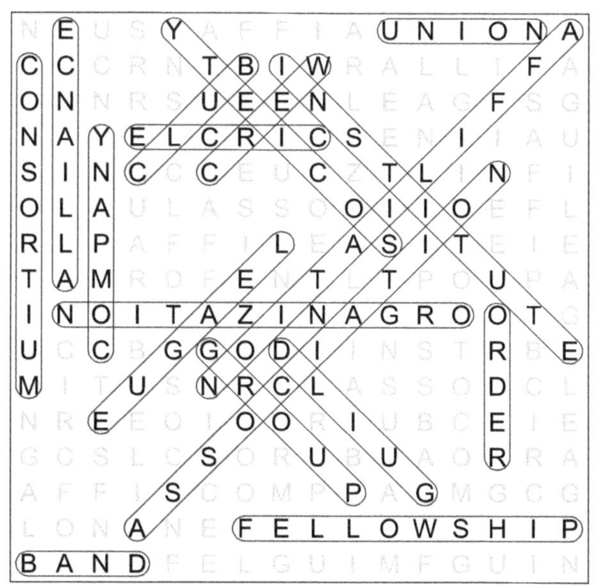

WINE TASTING TERMS

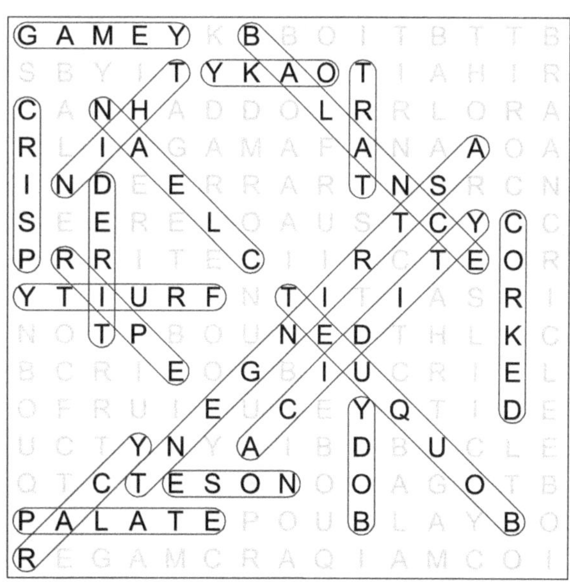